Zhi Wang

Geschenkte Zeit,
Verschenkte Zeit

Zhi Wang

Geschenkte Zeit, Verschenkte Zeit

Wie Jugendliche in Deutschland und China ihre Zeit nutzen

Tectum Verlag

Zhi Wang

Geschenkte Zeit, Verschenkte Zeit.
Wie Jugendliche in Deutschland und China ihre Zeit nutzen
Zugl.: Tübingen, Univ. Diss. 2007
ISBN: 978-3-8288-9414-3
© Tectum Verlag Marburg, 2007
Umschlagabbildung – pixelpope : www.photocase.com

Besuchen Sie uns im Internet
www.tectum-verlag.de

Bibliografische Informationen der Deutschen Nationalbibliothek
Die Deutsche Nationalbibliothek verzeichnet diese Publikation in der
Deutschen Nationalbibliografie; detaillierte bibliografische Angaben sind
im Internet über http://dnb.ddb.de abrufbar.

Inhaltsverzeichnis

Verzeichnis der Tabellen
Verzeichnis der Abbildungen
Vorwort

1. Einleitung 13
2. Theoretische Grundlagen 17
 2.1 Eine allgemeine Beschreibung von Zeit 17
 2.2 Die drei Phasen der „Zeit-Geschichte" 19
 2.3 Die kulturelle und historische Bedeutung der „Zeit"
     in der chinesischen Sprache 21
 2.4 Zeit als Thema von Sozialforschung 22
 2.5 Modelle schulischen Lernens und Bedingungsfaktoren
     schulischer Leistungen 28
 2.6 Jugendliche Sozialisation 30
  2.6.1 Sozialisation 30
  2.6.2 Sozialisation in der Schule 32
  2.6.3 Sozialisation in soziokulturellem Umfeld 33
 2.7 Zusammenfassung der theoretischen Grundlagen 35
3. Kulturvergleich 37
 3.1 Historisch-kultureller Hintergrund 37
 3.2 Bildungswesen in beiden Ländern 41
  3.2.1 Bildungswesen in Deutschland 41
   3.2.1.1 Kultusministerkonferenz (KMK) 41
   3.2.1.2 Schulaufsicht und Schule 42
   3.2.1.3 Die Grundstruktur des Bildungswesens 43
   3.2.1.4 Schulpflicht und Übergänge 48
   3.2.1.5 Bildungsexpansion 49
  3.2.2 Bildungswesen in der VR China 53
   3.2.2.1 Wichtige Ereignisse in der Bildungsgeschichte ... 53
   3.2.2.2 Curriculumreform seit 1979 53

3.2.2.3 Bildungsverwaltung...55
3.2.2.4 Die gegenwärtige Grundstruktur des Bildungssystems...............56
3.2.2.5 Entwicklung des Bildungswesens in China....................................58
3.2.2.6 Schulpflicht und Übergänge in China...59
3.2.3 Zusammenfassung..61
3.3 Alltagsleben von Jugendlichen in beiden Ländern..63
   3.3.1 Allgemeine Aspekte der Zeitgestaltung im Schulwesen...................63
      3.3.1.1 Schuljahr und Unterrichtsjahr in Deutschland.............................63
      3.3.1.2 Schuljahr in China 65
   3.3.2 Stundentafeln und Anzahl der Unterrichtsstunden...................67
      3.3.2.1 In Deutschland...67
         3.3.2.1.1 Im Primarbereich 67
         3.3.2.1.2 Im Sekundarbereich 68
      3.3.2.2 In China...69
         3.3.2.2.1 Umfang der Stundentafel der Grundschule.........................69
         3.3.2.2.2 Umfang der Stundentafel der Mittelschule 73
   3.3.3 Pause, Schulwegzeiten, Hausaufgaben und
         Nachhilfeunterricht...71
      3.3.3.1 In Deutschland...71
      3.3.3.2 In China...73
   3.3.4 Außerschulische Freizeit..75
      3.3.4.1 Freizeit von Jugendlichen in Deutschland..................................75
      3.3.4.2 Jugendliche Freizeit in China..78
   3.3.5 Elterliche Erwartung 82
3.4 Entwicklung von Hypothesen...83

4. Verfahren der Untersuchung...87

4.1 Durchführung der Untersuchung...87
   4.1.1 Auswahl der Zielgruppe und Methode der Untersuchung 87
   4.1.2 Instrument, Verteilung und Rücklauf der Umfragen........................88
4.2 Stichprobe..89
4.3 Auswertungsverfahren..91

**5. Darstellung und Analyse der Ergebnisse der
   eigenen Untersuchung..95**

5.1 Zeit in der Schule...96

5.1.1 Zeit in den untersuchten chinesischen Schulen 96
   5.1.1.1 Das Schuljahr 96
   5.1.1.2 Der Schultag 97
      5.1.1.2.1 Morgen 97
      5.1.1.2.2 Vormittag und Mittag 98
      5.1.1.2.3 Nachmittag 98
   5.1.1.3 Stundentafel 102
5.1.2 Zeit in den untersuchten deutschen Schulen 103
   5.1.2.1 Das Schuljahr 103
   5.1.2.2 Stundentafeln 105
5.1.3 Freiwillig verbrachte Zeit in der Schule in beiden Ländern 109
5.1.4 Zusammenfassung 110
5.2 Schulbezogene Zeit im Ländervergleich 112
5.3 Außerschulische Freizeit im Ländervergleich 113
   5.3.1 Familiengebundene Freizeit (Zeit für Mithilfe bei
         Haushaltspflichten) 113
   5.3.2 Geregelte Freizeit 114
      5.3.2.1 Mediennutzung 114
      5.3.2.2 Die Aktivitäten außer Mediennutzung 117
      5.3.2.3 Außerschulische institutionalisierte Freizeitangebote .. 118
   5.3.3 Ungebundene Freizeit 121
      5.3.3.1 Freizeitaktivitäten mit Eltern 121
      5.3.3.2 Gespräch mit Eltern 122
      5.3.3.3 Freizeit mit Gleichaltrigen 126
5.4 Zusammenfassung 128
5.5 Zusammenhang zwischen Zeitnutzung und Schulleistungen 131
   5.5.1 Zeit für außerschulische schulbezogene Aktivitäten und
         Schulleistungen 131
   5.5.2 Zeit für außerschulische Freizeitaktivitäten und
         Schulleistungen 133

6. Zusammenfassung und Folgerung 143
6.1 Zusammenfassung der Untersuchung 143
6.2 Folgerungen 146
   6.2.1 Zeitnutzung von Jugendlichen aus
         sozialisationstheoretischer Perspektive 146

6.2.2 Zeitnutzung von Jugendlichen aus
pädagogisch-psychologischer Perspektive 150
6.3 Überlegung zu weiteren Forschungsaufgaben 150
7. Literaturverzeichnis: 153
8. Anhang 163

Verzeichnis der Tabellen

Tab. 2.1: Die kulturelle und historische Bedeutung der „Zeit" in den chinesischen Sprachen ... 22

Tab. 3.1: Überblick des Vergleichs in den allgemeinen kulturellen Dimensionen ... 40

Tab. 3.2: Schüler an allgemeinbildenden Schulen nach Bildungsbereichen und Schularten in Tausend ... 51

Tab. 3.3: Schulabgänger nach Art des Abschlusses in Prozent der gleichaltrigen Bevölkerung ... 52

Tab. 3.4: Überblick der wichtigen Ereignisse in der Chinesischen Bildungsgeschichte ... 53

Tab. 3.5: Entwicklung der quantitativen Verhältnisse an den Schulen und Hochschule ... 60

Tab. 3.6: Feiertage in Deutschland ... 65

Tab. 3.7: Das Schuljahr in China ... 66

Tab. 3.8: Stundentafel für die bayerische Grundschule ... 67

Tab. 3.9: Anzahl der Unterrichtsstunden der Grundschulen im Schuljahr 1989/90 ... 68

Tab. 3.10: Pflichtunterrichtsstunden/Woche in Bayern bei 5 Tage Woche ... 69

Tab. 3.11: Anzahl Stunden pro Schuljahr der Grundschule ... 70

Tab. 3.12: Anzahl Stunden pro Schuljahr der Mittelschule von Unterstufe in China ... 71

Tab. 3.13: Tägliche Zeit für Hausaufgaben in Minuten ... 72

Tab. 3.14: Maximaler Umfang der täglichen Hausaufgaben in China ... 74

Tab. 3.15: Freizeiteinrichtungen in den fünf chinesischen großen Städten ... 80

Tab. 4.1: Alter der Schüler ... 90

Tab. 4.2: Geschlecht der Schüler ... 90

Tab. 4.3: Die befragten Schüler pro Schule in Deutschland ... 90

Tab. 4.4: Die befragten Schüler pro Schulform in Deutschland ... 91

Tab. 4.5: Die befragten Schüler pro Schule in China ... 91

Tab. 5.1: Variablen der Zeitnutzung von Jugendlichen ... 95

Tab. 5.2: Die von den Lehrern in den vier untersuchten Schulen im Schuljahr 2004/05 empfohlenen Daten ... 97

Tab. 5.3: Wochenplan der Schule a ... 99

Tab. 5.4: Wochenplan der Schulen b und c ... 100

Tab. 5.5:	Wochenplan der Schule d	101
Tab. 5.6:	Stundentafeln in den vier untersuchten Schulen in China	102
Tab. 5.7:	Berechnung im Vergleich	103
Tab. 5.8:	Ferientermine des Schuljahrs 2004/2005	103
Tab. 5.9:	Allgemeine Feiertage	104
Tab. 5.10:	Berechnung der Unterrichtstage	105
Tab. 5.11:	Wochenplan der Schule A	106
Tab. 5.12:	Wochenplan der Schule B	106
Tab. 5.13:	Stundentafeln in der Schule A und der Schule B	107
Tab. 5.14:	Stundentafel in den Gymnasien C und D	108
Tab. 5.15:	Wochenplan der Schulen C und D	109
Tab. 5.16:	Berechnung im Vergleich	109
Tab. 5.17:	Lernen außerhalb der Schule (Stunden/Woche	113
Tab. 5.18:	Der durchschnittliche Zeitaufwand der Mithilfe zu Hause pro Tag in Deutschland und in China nach Geschlechtern in Stunden	114
Tab. 5.19:	Mediennutzungsdauer	116
Tab. 5.20:	Ausgeübte Freizeitaktivitäten	117
Tab. 5.21:	Ausgeübte Freizeitaktivitäten	118
Tab. 5.22:	Verein und Privatunterricht	120
Tab. 5.23:	Aktivitäten mit der Mutter	121
Tab. 5.24:	Aktivitäten mit dem Vater	122
Tab. 5.25:	Gespräch mit der Mutter	123
Tab. 5.26:	Gespräch mit dem Vater	124
Tab. 5.27:	Freizeit mit Gleichaltrigen	126
Tab. 5.28:	Ergebnis des T-Tests: Freizeit mit Gleichaltrigen hinsichtlich Geschlechter	127
Tab. 5.29:	Kulturvergleich im Überblick	130
Tab. 5.30:	Noten in den chinesischen und deutschen Notensystem im Vergleich	132
Tab. 5.31:	Korrelation zwischen der außerschulischen schulbezogene Zeit und Schulleistungsvariablen	133
Tab. 5.32:	Korrelation zwischen der außerschulischen familiengebundenen und geregelten Freizeit und Schulleistungsvariablen, Schulniveauvariablen	135
Tab. 5.33:	Korrelation zwischen Zeit für die ungebundenen Freizeitaktivitäten und Schulleistungsvariablen, Schulniveauvariablen	138

Verzeichnis der Abbildungen

Abb. 1.1: Struktur der Arbeit 16
Abb. 2.1 Zeitkultur und Zeitstruktur 19
Abb. 2.2: die Zeitkategorien von Tageszeitbudget des Schülers 27
Abb. 3.1: Organisation und Struktur der KMK 42
Abb. 3.2: Aufbau des Bildungssystems in der
         Bundesrepublik Deutschland 44
Abb. 3.3: Bildungssystem Deutschlands und Chinas 58
Abb. 3.4: Zeitverwendung von Jugendlichen an Wochentagen 76
Abb. 5.1: Unterrichtszeit und außerunterrichtliche Pflichtzeit
         in der Schule pro Schuljahr in Zeitstunden 112
Abb. 5.2: Mediennutzungsdauer 115
Abb. 5.3: Außerschulische institutionalisierte Freizeitangebote 120
Abb. 5.4: Gespräch mit der Mutter 125
Abb. 5.5: Gespräch mit dem Vater 125
Abb. 5.6: Freizeitpartner in Deutschland 127
Abb. 5.7: Freizeitpartner in China 128

VORWORT

Die vorliegende Dissertation schließt an die international vergleichende Studie „Zeit für Schule" an, die in den 1980er und 90er Jahren am Deutschen Institut für Internationale Pädagogische Forschung in Frankfurt unter Leitung von Wolfgang Mitter durchgeführt worden ist. Ein erstes Verdienst der Studie von Frau Zhi Wang liegt darin, die VR China in das Spektrum der zum Thema „Zeit für Schule" untersuchten Länder aufzunehmen. Ein zweites, noch gewichtigeres Verdienst liegt darin, dass die Verfasserin Daten sowohl in der VR China als auch in Deutschland erhoben hat und auf dieser Grundlage eine explizit vergleichende Untersuchung vorlegen kann; selbst innerhalb der sogenannten Vergleichenden Erziehungswissenschaft hat der explizite Vergleich Seltenheitswert. Im Übrigen geht die Untersuchung insofern über die genannte Studie des DIPF hinaus, als nicht nur die Zeit in der Schule sowie für die Schule, sondern auch Aspekte der Zeitverwendung in Familien und im außerschulischen Freizeit- und Kulturbereich erfasst werden.

Die Untersuchung wird in den Kontext zeit- und sozialisationstheoretischer Ansätze eingeordnet und beschreibt in differenzierter Weise die Bildungssysteme der beiden Länder als Rahmenbedingungen für die unterschiedlichen Muster der Zeitnutzung.

Mit ihrer Dissertation hat Frau Zhi Wang einen eigenständigen Beitrag zur kulturvergleichenden Sozialisationsforschung geleistet. Wir beglückwünschen Frau Zhi Wang zu dieser Leistung und wünschen ihr für ihren weiteren Lebensweg und wissenschaftlichen Werdegang alles Gute.

Prof. Dr. Günter Huber
Universität Tübingen

Prof. Dr. Ludwig Liegle
Universität Tübingen

1. Einleitung

Zeitnutzung von Jugendlichen aus kulturvergleichender Sicht

Die Motivation, eine Dissertation zum Thema Zeitnutzung von Jugendlichen im Vergleich zwischen der Bundesrepublik Deutschland und der Volksrepublik China zu verfassen, begründet sich darin, dass Zeit und Zeitnutzung zentrale Aspekte des Lebenslaufs und der Lebensführung darstellen, außerdem ist Zeit in modernen Gesellschaften zu einem knappen Gut geworden:

> „In unserer komplexen arbeitsteiligen Gesellschaft ist Zeit zu einer kostbaren Ressource geworden. Sie prägt unsere Lebensplanung, unser Alltagshandeln und auch unseren Umgang miteinander sowohl in der Arbeitswelt als auch in der Familie.
> (...)
> Zeit ist als Konstrukt und als Objekt des sozialen Handelns von Menschen zu verstehen"(Blanke/Ehling/Schwarz, 1996, S. 1,2).

Aufgrund dieser Ansicht möchte ich mit der vorliegenden Arbeit einen Beitrag zur Zeitnutzung von Jugendlichen leisten. Anderseits möchte ich mit dieser Dissertation einen Beitrag für den interkulturellen Vergleich leisten.

> „Die Kulturellen Kontexte, in denen Kinder und Jugendliche heute aufwachsen, können sich in ihren Anforderungen, Chancen und Möglichkeiten erheblich unterscheiden und bedeuten damit unterschiedliche Entwicklungsbedingungen" (Trommsdorf, 1995, S. 9).

„Der Vergleich ist eine Methode der wissenschaftlichen Erkenntnisgewinnung" (Liegle, in Hurrelmann/Ulich, 1991, S. 215). Ein interkultureller Vergleich liefert mehr Erkenntnisse über andere Länder. Der Erkenntnisgewinn über andere Länder führt eventuell zu einem Lernen von anderen.
Das Jugendalter kennzeichnet den Entwicklungsabschnitt zwischen der Kindheit und dem Erwachsenenalter. In der vorliegenden Untersuchung beschränke ich mich auf Personen im Alter zwischen 14 und 18 Jahren. Während des Jugendalters vollziehen sich starke Veränderungen im Körperlichen, die Intelligenzentwicklung stabilisiert sich, Werthaltungen und neue Verhaltensformen werden aufgebaut (vgl. Köck/Ott, S. 345, 349; Li Yousui, 2004, S. 61). Jugendliche werden als Hoffnungsträger und Zukunft des Staates und des Volkes bezeichnet. Jugendforschung leistet einen Beitrag zur Analyse und Interpretation der gesellschaftlichen Realität. „Zeit in verschiedenen Kulturen unterschiedlich organisiert und gewertet wird" (Von Kopp, 1990, S. 106). Die kul-

turellen Kontexte können sich in der Zeitnutzung von Jugendlichen in Deutschland und China erheblich unterscheiden.

Deutschland und China als Vergleichsländer

Warum werden Deutschland und China in der vorliegenden Arbeit als Vergleichsländer ausgewählt?

- ➢ China und Deutschland sind hinsichtlich ihrer Geschichte und Kultur verschieden.
- ➢ Deutschland gehört mit zu den international führenden Industrieländern, steht mit seiner wirtschaftlichen Gesamtleistung weltweit an dritter Stelle. China ist ein riesiges bevölkerungsreiches Land mit 1,306 Milliarden Einwohnern und ein Schwellenland (Staatliches Statistikamt, 2005). Um das rasche Bevölkerungswachstum einzudämmen, gilt Ein-Kind-Politik in der Republik China.
- ➢ Chinesen werden auf der Grundlage der sozialistischen Bildungstheorie erzogen. China sieht die Entwicklung der westlichen Länder als ihr Vorbild an, besonders im Wirtschafts- und im Sozial- und Gesellschaftsbereich.
- ➢ Im Bereich der Jugendforschung gibt es bereits zahlreiche interkulturelle Vergleiche. Deutschland und China wurden bisher in der Erziehungswissenschaft nur selten für einen Vergleich herangezogen.

Von besonderer Bedeutung scheint mir die Forschung über Jugend im Ost-West-Vergleich sowie zwischen einem Entwicklungsland und einem entwickelten Land zu sein. Die Zeitnutzung von chinesischen Jugendlichen ist in Deutschland kaum oder nur oberflächlich bekannt. Auch in internationalen Vergleichsforschungen wird China nur ganz selten einbezogen, z. B. in Hinblick auf die unterschiedlichen Schulsysteme – nämlich das deutsche Halbtagsschulsystem und das chinesische Ganztagssystem – und die Frage, wie sich diese Unterschiede auf das Lernen in und außerhalb der Schule, Freizeitaktivitäten mit und ohne Gleichaltrigen, mit Eltern, usw. auswirken. Es besteht bislang ein empirisches Defizit der vergleichenden Zeitforschung zwischen Deutschland und China. Dies war ein entscheidender Grund für diese Arbeit. Daher erscheint ein Vergleich der Zeitnutzung von Jugendlichen in Deutschland und China sinnvoll.

Zielsetzung

In der vorliegenden Arbeit wird die Frage der Zeitnutzung aus der Sicht der jeweiligen Kulturen, in denen Jugendliche aufwachsen, behandelt. Ausgehend von den oben genannten Darstellungen und unter der Berücksichtigung des

Forschungsstandes der noch nicht hinreichend entwickelten deutsch-chinesischen Vergleiche stellt sich die vorliegende Arbeit die Aufgabe die Unterschiede der Zeitnutzung von Jugendlichen zwischen den beiden Ländern zu untersuchen, die relative Einflussstärke der verschiedenen Kulturen zu klären, und Zusammenhänge zwischen Schulleistungen und Zeitnutzung zu eruieren.

Ziel dieser Dissertation ist, Antworten auf die folgenden Fragen zu suchen:

- Unter welchen Rahmenbedingungen leben die deutschen und chinesischen Jugendlichen?
- Wie unterscheiden sich die Strukturen des Alltagslebens deutscher und chinesischer Jugendlicher?
- Wie sehen die Unterschiede und die Gemeinsamkeiten des Zeitbudgets von Jugendlichen in beiden Ländern aus?
- Welche Zusammenhänge ergaben sich zwischen der unterschiedlichen „Zeit für Schule" und der Schulleistungen?

Anhand der gewonnenen Daten werden überprüft, ob die leistungsstärkeren Schüler in den beiden Ländern mehr Zeit für das Lernen aufwenden. In der vorliegenden Arbeit wird noch versucht, die Frage zu beantworten, ob die Zeitnutzung für die Freizeitaktivitäten von Jugendlichen in beiden Ländern die Durchschnittsnote und das Schulniveau beeinflusst. Um die Frage nach der alltäglichen Zeitverwendung von Jugendlichen zu beantworten, führte ich in den Jahren 2004/05 in China und Deutschland eine Zeitnutzungserhebung bei Schülern der 8. Jahrgangsklasse durch (vgl. Kapitel 4.1). Es wurden auch die Lehrkräfte befragt, und zwar zur Unterrichtsgestaltung.

Aufbau der Arbeit

Die vorliegende Arbeit ist in sechs Kapitel gliedert (siehe Abb. 1.1). Gegenstand der Untersuchung ist der Faktor „Zeit", es ist daher zunächst notwendig die theoretischen Grundlagen – Zeitbegriffe, die bisherige Zeitbudgetforschung, Zeit in der Schule – zu klären. Danach werden Modelle schulischen Lernens, Bedingungsfaktoren schulischer Leistungen und Jugendliche Sozialisation dargestellt (2. Kapitel).

Das dritte Kapitel beschäftigt sich mit dem Kulturvergleich in mehreren Dimensionen zwischen beiden Ländern. Dabei wird auf Gemeinsamkeiten und Unterschiede beider Länder eingegangen, und es wird die Zeitverwendung von Jugendlichen auf der Grundlage von amtlichen Quellen dargestellt. Im Anschluss an die Beschreibung des Kulturvergleichs werden Hypothesen gebildet.

Nach der Vorstellung des Verfahrens der eigenen Untersuchung (4. Kapitel) wird die Zeitnutzung von Chinesischen und deutschen Jugendlichen anhand von den Ergebnissen eigener Erhebungen verglichen, die Zusammenhänge zwischen Zeitnutzung und Schulleistungen werden diskutiert, und es werden die Hypothesen überprüft (5. Kapitel). Im 6. Kapitel erfolgt eine Zusammenfassung und Folgerung. Abschließend wird ein Ausblick auf weitere Forschungsaufgaben gegeben.

Die vorliegende Arbeit wirft eine Reihe von neuen Fragen aus und kann zu weiteren Forschungen und Diskussionen beitragen.

Abb. 1.1: Struktur der Arbeit

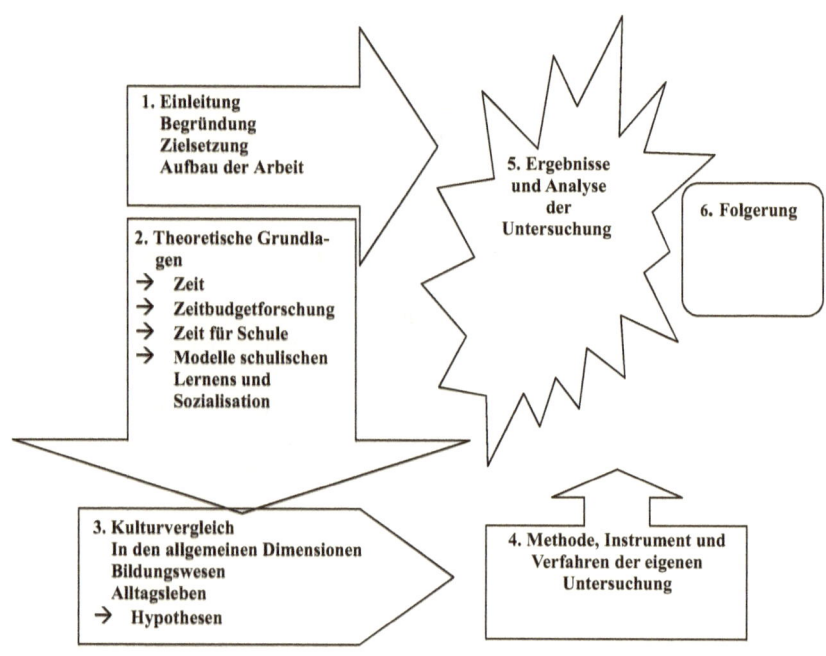

2. Theoretische Grundlagen

In diesem Kapitel werden einige wichtige Theorieansätze vorgestellt, die der vorliegenden Arbeit zu Grunde liegen. Zunächst wird von einer allgemeinen Beschreibung der Zeit, drei historischen Phasen Zeitverhältnisses und der historischen und kulturellen Bedeutung von „Zeit" in der chinesischen Sprache ausgegangen. Anschließend werden Zeit als Thema der Sozialforschung, sowie in den Perspektiven der Zeit für Schule, und der Zeit in der Schule dargestellt. Schließlich werden Modelle schulischen Lernens, Bedingungsfaktoren schulischer Leistungen und jugendlicher Sozialisation dargestellt.

2.1 Eine allgemeine Beschreibung von Zeit

Zeitbegriff

Der Begriff „Zeit" wird auf verschiedener Weise definiert. Nach Lenzen kann „Zeit" folgendermaßen gefasst werden:

> "Bei der Zeit handelt es sich nicht um etwas objektiv Gegebenes, sondern um ein von Menschen entwickeltes Bestimmungsverhältnis im Nacheinander einer Vielfalt von unterschiedlichen Geschehensabfolgen. (...) Dass diese Geschehnisse miteinander in Beziehung gebracht werden können auch sozial normierte Kontinua sein, wie etwa Monate oder Sekunden" (Lenzen, 1989, S. 1633).

Die Zeit kann man am Lauf der Gestirne messen, und es steht uns allen am Tag gleich viel davon zur Verfügung, nämlich 24 Stunden. Die Zeit ist somit etwas Objektives, dennoch hat Zeit auch eine subjektive Dimension:

> „Zeit ist nach Heidegger weder im Subjekt noch im Objekt, sondern früher als diese, da sie die Bedingungen der Möglichkeit selbst für dieses früher darstellt. Im menschlichen Erleben, also subjektiv betrachtet, ist sie ein an einem Bezugssystem (z. B. der Uhr) orientiertes Bestimmungsverhältnis im Nacheinander von Geschehnissen, das einigermaßen berechenbare Zuverlässigkeit im Leben einer Gesellschaft garantiert und von immer neuer Zeitbestimmung entlastet." (Köck/Ott, 1994, S. 808)

Nach Garhammer (Garhammer, 1996, S. 21) kann Zeit die Zeit bedeuten, die als Uhrzeit am Handgelenk abgelesen wird. Die Zeit kann die subjektiv erlebte

Zeit bezeichnen. Die Klage über Zeitnot und Stress fußt auf dieser Bedeutung von Zeit. Lebenszeiten, Kindheit, Jugend und Alter lassen sich in der physikalisch objektivierbaren Zeit darstellen.

Zeit – eine soziale Konstruktion

Zeit ist als „Konstrukt und als Objekt des soziales Handelns von Menschen" zu verstehen (Blanke/Ehling/Schwarz, 1996, S. 2). Wir erleben die Zeit als natürliche, unumstößliche Konstante, daher ist Zeit eine soziale Konstruktion. Mit Hilfe der Zeit können wir das soziale Leben strukturieren und koordinieren. Zeit ist ein für das Verständnis von Gesellschaften relevantes Konzept (Garhammer, 1996, S. 23; vgl. Garhammer, 1999, S. 35–40):

> „Zeitvorstellungen sind von den Formen des gesellschaftlichen Zusammenlebens, von der Entwicklung der Sozialstruktur abhängig. Sie verdichten sich und gewinnen soziale Gültigkeit und Handlungswirksamkeit in der Zeitkultur einer Gesellschaft. Zeitvorstellung betreffen: Die Strukturierung von individuellen und sozialen Prozessen; Die Synchronisation unterschiedlicher Personen und Handlungen; Den Erwartungs- und Planungshorizont auf der gesellschaftlich-politischen Ebene und der Ebene der Akteure" (Garhammer, 1996, S. 23).

Garhammer (ebd. S. 26–27) verdeutlicht an Beispielen, welche Fülle von Zeitanforderungen von Individuen und Familien zu Synchronisieren ist, welche Aufgabe entstehen, resultiert aus vielfältigen und konkurrierenden Zeitimperativen in den Außenbeziehung der Familie. Dies gilt nicht nur für den Takt von Arbeitszeit und Freizeit. Handel, öffentlicher Nahverkehr, Ämter, Schulen, Ärzte haben je unterschiedliche Zeitfenster für ihre Nutzung (siehe Abb. 2.1).

Abb. 2.1 Zeitkultur und Zeitstruktur

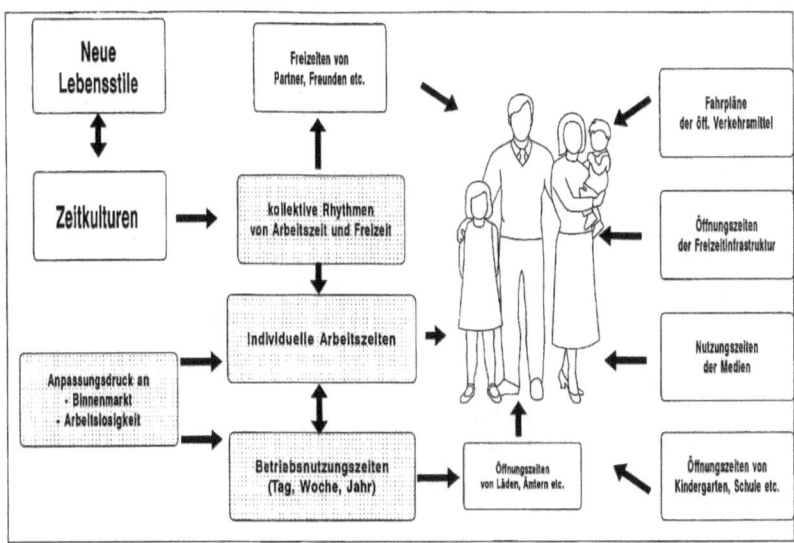

Quelle: Garhammer, 1996, S. 27

Maria Montessori (Kron, in Aselmel/Kron/Vogel, 1991, S. 65) hat mit pädagogischer Entschiedenheit der subjektiven Erfahrung von Zeit das Wort geredet. Sie knüpft das Zeitverständnis in der Erziehung an die Entwicklung des Kindes, die das Kind in der aktiven Auseinandersetzung mit seiner Umwelt selbst bewirkt. „Zeit war bei „Montessori-Phänomen" kein „objektives Lernschema, sondern ein Geschehen, in welchem das Kind ‚seine' Zeit bestimmt hat, in dem es sich mit den Dingen der Welt anlegte und eine sinnvolle Ordnung herstellte" (ebd.).

2.2 Die drei Phasen der „Zeit-Geschichte"

Was ist Zeit? Was nennen wir „Zeit"? Wir fragen und suchen immer die Antworten. Nach K. Geißer (Lehmkuhl, 2005, S. 13) haben Zeiterleben und Zeiterfahrung in der Geschichte sehr folgenreiche Veränderungen durchgemacht. Die Gliederung in drei historischen Phasen – die Vormoderne, die Moderne, die Postmoderne – bietet sich für den Versuch an, die historische Entwicklung unseres individuellen und gesellschaftlichen Verhältnisses zur „Zeit" systematisch darzustellen (vgl. Lehmkuhl, 2005, S. 15–30; Fromme/Hatzfeld/Tokarski, 1990, S. 20).

Die Vormoderne

„Zeit" war in dieser Phase kein Thema.
Natürliche Zyklen, wie der Wechsel der Gestirne, Ebbe und Flut, Regenzeiten und Trockenzeiten, Tag und Nacht usw., bestimmt den Lebensrhythmus. Kulturelle und soziale Ereignisse wurden an ihnen festgemacht. Man lebte in der Natur und legte Zeitpunkte und Zeitstrecken mit Hilfe der von Menschen geschaffenen Signale und Geräte fest. Zeit wurde nicht an dem abstrakten Maß „Uhrzeit", sondern an der Länge des Tageslichts festgemacht (im Gebirge maß man die Zeit mit Hilfe der Bergspitzen). Die Uhren waren Sonnenuhren, z. B. begann das soziale Leben mit dem Aufgang der Sonne, nicht etwas um sechs Uhr, und es endete meist bei Sonnenuntergang, nicht etwas um achtzehn Uhr. Oder man ging mit den Hühnern schlafen und stand beim ersten Hahnenschrei auf. Mit anderen Worten, Zeit war in der Vormoderne und deren Lebensform nicht die Summe von Tagen, Stunden, Minuten und Sekunden. Zeit war der Zusammenhang von Ereignisse und Erfahrungen (Lehmkuhl, 2005, S. 15–30; Fromme/Hatzfeld/Tokarski, 1990, S. 20).

Die Moderne

Zeit wird in der Moderne zum Thema.
In Regensburg wurde 1358 die erste Schlaguhr am Rathaus angebracht, Nürnberg, Augsburg und andere Städte folgten. Die Stadtbewohner konnten von da an in pünktliche und unpünktliche Einwohner eingeteilt werden. Die Zeit wurde zu einer knappen Ressource, mit der kalkulatorisch umgegangen werden musste. Die Stunde und ihre Unterteilung in sechzig Minuten wurden erfunden. Sie löste das „Tagwerk" als handlungsorientierte Maßeinheit der Arbeit immer mehr ab. Die Ablösung der Lebensgestaltung von den „Zeitangaben" der Natur führte in der Folgezeit dann zur industriellen Revolution mit ihren abstrakten und differenzierten Zeithorizonten. Zeit wurde nicht an konkreten Erlebnisinhalten und an anschaulichen Erfahrungen festgemacht, sondern weitgehend als von Ereignissen losgelöst verstanden (Lehmkuhl, 2005, S. 15–30; Fromme/Hatzfeld/Tokarski, 1990, S. 20).

Zeit wurde plan und organisierbar.

> „Die Uhr, nicht die Natur bestimmt die Zeit und die Menschen. Technik und Ökonomie setzen den Takt – die mechanische Wiederkehr des Gleichen – an die Stelle der rhythmischen Gliederung des Werdens und Vergehens. Nicht mehr natur- und aufgabenbezogene Rhythmik bestimmen in der Moderne das Leben, sondern die Eigendynamik des ökonomischen und des mechanischen. Die Zeit und die Zeiteinteilung werden an das abstrakte Medium Geld gekoppelt. Die Verrechenbarkeit von Geld und

Zeit (Time is Money) macht die Zeit zur knappen Ware und fördert die Beschleunigung der Lebensverhältnisse. Die Zeit wird kontrolliert und verplant, um sie in Form von Arbeitskraft und Arbeitszeit zu kaufen und zu verkaufen. Sie wird zu einem bewirtschaftenden Gut. Das Zeitmuster des Taktes wird zum alles beherrschenden Organisationsprinzip" (Geißler, K., in Lehmkuhl, 2005, S. 22).

Die Postmoderne

In der sogenannten Postmoderne werden Zeitordnungen individualisiert. Die starre lineare Struktur von Zeit verschwindet. In der Postmoderne wird das mechanistische Weltbild des Uhrwerks und des regelmäßigen Taktes von den Vorstellungen des Chaos, der Komplexität, der Diskontinuität und des Nichtlinearen abgelöst. Die zeitlichen Orientierungsmaße werden individueller Disposition anheim gestellt. Es gibt vielen Zeiten, Zeitnot wird zur kollektiven Erfahrung. Es beginnt eine breite Suche nach Zeitmaßen und Zeitordnung. Mithilfe von Zeitmanagementseminaren, durch Zeitplanbücher und Terminkalender, jetzt auch in elektronischer Ausführung Es werden Orte und Zeiten gesucht, in und an denen man verweilen kann, die dem raschen Veränderungsprozess entzogen sind. Sowohl die Suche nach Zeitordnungen als auch das Lernen der individuellen Zeitordnungsstrategie kostet viel Zeit. Die Wecker sind die zentralen Zeitordnungsmittel der Postmoderne. Sie disziplinieren individualistisch im Hinblick auf selbst organisierte Zeiteinteilung. Die Uhrzeit wird zu einer Zeit neben vielen anderen. In der Zukunft wird es viele Zeiten und auch mehrere Zeitordnungen nebeneinander geben (Lehmkuhl, 2005, S. 15–30; Fromme/Hatzfeld/Tokarski, 1990, S. 20).

2.3 Die kulturelle und historische Bedeutung der „Zeit" in der chinesischen Sprache

Die folgende Beschreibung macht mit der kulturellen und historischen Bedeutung der „Zeit" in der chinesischen Sprache vertraut. Dabei wird der Begriffsinhalt von „Zeit" beschrieben (vgl. Tab. 2.1).

Wie Tabelle 2.1 zeigt, wurde die chinesische Schriftzeichen von „Zeit" am Anfang durch "时" (Shi) mit Bedeutung Jahreszeit bezeichnet, z. B. "时,四时也" (Shi, Si Shi Ye) in "Shuo Wen Jie Zi" ("说文解字"), „Zeit" bedeutet hier vier Jahreszeiten. In den anderen Beispiel ist „Zeit" mit der Bedeutung „das Protokoll des Jahreszeiten": "时者, 所以记岁也" (Shi Zhe, Suo Yi Ji Sui Ye) in "Guan Zi Shan Quan Shu" ("管子 • 山权数").

„Zeit" in der chinesischen Sprache kann auch Uhrzeit bedeuten, z. B. "时不可失" (Shi Bu Ke Shi) in "Zhan Guo che" ("战国策"); "时不再来" (Shi Bu Yai Lai) in "Guo Yu" ("国语"); "时来运转" (Shi Lai Yun Zhuan); "时不宜迟" (Shi Bu Yi Chi) usw.

Anderen chinesischen Schriftzeichen über „Zeit" sind "日月" (Ri Yue) mit der Bedeutung Tag und Monat und "时光" (Shi Guang) mit der Bedeutung Zeit und Licht. Z. B. "今我不乐, 日月其除" (Jin Wo Bu Le, Ri Yue Qi Chu); "时光如剑, 岁月如梭" (Shi Guang Ru Jian, Shui Yue Ru Suo).

In Übereinstimmung mit tiefen Erkenntnissen des Chinesen bedeutet "Zeit" Beschreibung der einheitlichen Eigenschaften von allen Verläufen der Bewegung, z. B. "谓时日支干五行相孤虚之属也" (Wei Shi - Ri Zhi Gan Wu Xing Xiang Gu Xu Zhi Shu Ye) in Meng Zi Pian Xu ("孟子•篇叙").

Die Form der Zeit wurde endlich durch „时间" (Shi Jian) festgelegt, sind die Zustand der ununterbrochenen Bewegung und des Augenblicks inbegriffen (vgl. Huang/Zürcher, 1995, S. 50–59; Die Zeitbegriff in China, Online).

Tab. 2.1: Die kulturelle und historische Bedeutung der „Zeit" in der chinesischen Sprachen

Han Zi (Chinesische Schriftzeichen)	Pin Yin (Aussprache)	Bedeutung in der deutschen Sprache
时	Shi	Jahreszeit; Das Protokoll des Jahreszeit; Uhrzeit;
日月	Riyue	Tag und Monat
时光	Shiguang	Zeit und Licht
时	Shi	Beschreibung der einheitlichen Eigenschaften von allen Verläufe der Bewegung
时间	Shijian	Zustand der ununterbrochenen Bewegung und des Augenblicks

2.4 Zeit als Thema von Sozialforschung

„Zeit ist universeller und grundlegender als viele andere Themen wissenschaftlicher Diskussion: denn wo und auf welch spezifische Art und Weise etwas erlebt und Erfahren wird, es wird immer in der Zeit erlebt und erfahren. Zeit ist neben dem

Raum Grundbedingung jeglicher Lebenswelt" (Holz, 2000, S. 3).

Zeit ist Bestandteil jeglicher Strukturierung einer Gesellschaft. Zeitdaten sind kulturtypisch relevant.
Converse versteht „Zeitbudget" folgendermaßen (1968, in Krekeler, 1995, S. 20): „Ein Zeitbudget ist ein Logbuch oder Tagebuch der Abfolge und Dauer von Aktivitäten, die von einem Individuum während einer spezifischen Periode ausgeübt wurden, üblicherweise während eines 24-Stunden-Tages". D. h. ganz allgemein untersucht die empirische Zeitbudgetforschung, wie viel Zeit Personen für eine bestimmte Tätigkeit (oder Untätigkeit) innerhalb eines festgelegten Zeitraums (eines Tages, eines Werktages, einer Woche, eines Monats, eines Jahres etc.) verwenden. Im Kern ist die "Time Budget Methode" ein Instrument zur Rekonstruktion des Tagesablaufs von Testpersonen. In der Regel werden Tätigkeiten und Mediennutzung des gestrigen Tages nach Zeitpunkt und Dauer über einen mehr oder weniger fein gegliedertes Zeitraster abgefragt. Die Analyse des Zeitbudgets der Bevölkerung gehört seit langem zu den Objekten sozialwissenschaftlicher Studien. Immer wieder ergeben sich jedoch methodologische Probleme, die Zeitverwendung von Personen zu messen, vor allem dann, wenn es sich um junge Kinder handelt. Wie bei allen empirischen Untersuchungen sind Objektivität, Reliabilität und Validität wichtige Qualitätskriterien (vgl. Krekeler, 1995, S. 21–23; die Zeitbudgetforschung, Online).

Der Faktor Zeit in Schule und Unterricht

In Deutschland in der jüngsten Zeit wird das Problem der Zeit in organisierten Bereichen der Erziehung wieder thematisiert, Fragen wie Schulzeitverkürzung von 13 auf 12 Jahre, die alternative Halbtagsschule und Ganztagsschule oder die Ausdehnung der Öffnungszeiten von Kindergärten signalisieren die Bedeutung der Zeit. In die Geschichte der Erziehung und des Unterrichts zeigt sich, dass die Diskussion des Zeitproblems immer eine wichtige Rolle gespielt hat (Kron, in Aselmeier/Kron/Vogel, 1991, S. 63). Kron (ebd. S. 65–66) hat das Zeitproblem aus der Sicht von Schule und Unterricht als Funktion von Gesellschaft beleuchtet, nämlich die „funktionalistische Perspektive": Zeit erscheint als quantifizierender Faktor in Organisation und Realisation von Schule sowie in Lehr-, Lern- und Erziehungsprozessen. Definierte Lernziele und Quantifizierung der Curricula in Wissens- und Fertigkeitseinheiten erfordern die Berücksichtigung der Zeitfaktors, um Lernprozesse zu optimieren. Daher werden Schullaufbahnen „zeitlich" definiert, fachliche Inhalte in Curricula und Lehrplänen auf „Zeiteinheiten" – z. B. auf Wochen – verteilt, Zeitfaktoren – z. B. Stundenzahlen – für bestimmte Fächer ausgehandelt und festgelegt, Stundentafeln für einzelne Klassenstufen erstellt und Stundenpläne zeitlich effektiv gestaltet.

Zeit für Schule

Das Forschungsprojekt „Erziehungsraum Schule – ein internationaler Vergleich zur Schulwirklichkeit", das sich als Beitrag zur vergleichenden Bildungsforschung begreift, wurde Anfang des Jahres 1987 im Deutschen Instituts für Internationale Pädagogische Forschung begonnen. Mit der Untersuchung unter verschiedenen Fragestellungen zum Themenbereich „Zeit für Schule" ist dieses Forschungsprojekt eingeleitet worden. Die Untersuchungszeit umfasst die Jahre 1987–1990. An der gesamten Untersuchung waren sowohl Mitarbeiter mehrerer Abteilungen des Deutschen Instituts für Internationale Pädagogische Forschung als „Kerngruppe" als auch externe Wissenschaftler aus dem In- und Ausland beteiligt. Die ausgewählten Industriestaaten betrafen folgende Länder: Deutschland (Bundesrepublik Deutschland und Deutsche Demokratische Republik), Japan, Polen und Sowjetunion, Griechenland und Italien, Dänemark und Irland, Frankreich und Spanien, England und Wales/Niederlande.

Die zentrale Frage lautete, ob und inwieweit individuelle Schülerleistungen und die Leistungsfähigkeit von Schulen davon abhängig sind, welche Zeit Schüler (und Lehrer) in der Schule verbringen und wie schulische (und außerschulische) Zeitläufe strukturiert werden.

Wolfgang Mitter (Projektleiter) erklärte (in Brinkmann/Peters/Stokes, 1991, VIII und IX), dass das Forschungsprojekt mit der Untersuchung zum Themenbereich „Zeit für Schule" der zunehmenden Bedeutung Rechnung trägt, die der Zeitfaktor sowohl in National- und Regionalanalysen des Bildungswesens als auch in internationalen Vergleich in jüngster Zeit erlangt hat. Dies gelte insbesondere für das Bestreben, dass Untersuchungen auf der Makroebene durch Fallbeispiele auf der Mikroebene zu ergänzen und zu bereichern.

Die Gründe für die Thematisierung des Zeitfaktors wurden von Mitter wie folgt zusammengefasst (ebd.):

- ➢ Der Zeitfaktor spielt unter ökonomischem Aspekt eine große Rolle in der Rationalisierung der Ausgaben für das Bildungssystem. Die Dauer von Schulabschlüssen und die Länge der Ferien, die Wochenschulzeit, oder die Relation von Halbtags- und Ganztagsschulen, sind Fragen, ob man die Kosten senken kann.
- ➢ „Internationale Leistungsvergleiche, bezogen auf individuelle Leistungen von Schülern (und Lehren) und die Leistungsfähigkeit von Schulen, weisen dem Zeitfaktor große Bedeutung als Messgröße zu. Die zentrale Frage lautet, ob und inwieweit Leistungen davon abhängig sind, welche Zeit Schüler (Lehrer) in der Schule verbringen und wie schulische (und außerschulische) Zeitläufe strukturiert werden."

- Bei der Frage der Anerkennung von Schulleistung und Schulzeugnissen ist der Zeitfaktor von spezieller Bedeutung.
- Die Belastungen und Beanspruchungen von Kindern und Jugendlichen sind engste mit dem Zeitfaktor verbunden.

Daher ist der Zeitfaktor vorrangig zu berücksichtigen, wenn sinnvolle Vergleiche unter bestimmten Fragestellungen, wie z. B. der Effizienz der gegebenen Schulzeit und der Belastung der Kinder und Jugendlichen durch die Schule bearbeitet werden sollen.

Die zentralen Vergleichskategorien für die Untersuchung sind „Unterrichtszeit", „Zeit in der Schule (Schulleben)", „Schulbezogene Zeit", und „Nicht schulbezogene Aktivität"(diese wurde als ein neuer Abschnitt in dem Buch „Zeit für Schule, Japan" – Von Kopp – eingefügt). Was mit diesen Vergleichskategorien gemeint ist, lässt sich anhand des folgenden Zitats – aus Von Kopps Buch „Zeit für Schule, Japan" stammt – etwas ausführlicher illustrieren.

Unterrichtzeit (Uz)

„Die Unterrichtzeit umfasst den Zeitabschnitt, der auch Lehrplänen und Stundenplänen täglich und wöchentlich für den Unterricht aufgewendet wird. In ihm sind aber auch die pädagogisch relevanten Zeitaufwendungen für Exkursionen, Schulfeiern, Projektwochen, Wahlunterricht, Arbeitsgruppen, Klassenarbeiten, Prüfungen und Praktika eingeschlossen. Auf die ursprüngliche Definition reine Unterrichtszeit wurde verzichtet, weil sie zu stark auf das eigentliche Unterrichtsgeschehen im Klassenzimmer und den Kontext des dort stattfindenden Unterrichts hinweist. Beispielsweise ist eine Trennung von „Unterrichtzeit" und „Zeit für Prüfungen" in einzelnen Ländern wegen dortiger Blockprüfungen am Ende des Schuljahres zwar möglich, erlaubt jedoch keinen Vergleich mit den Schulsystemen, die kontinuierliche Prüfungen während des Schuljahres praktizieren" (Von Kopp, 1990, XI).

Zeit in der Schule (ZiS)

„Die Zeit in der Schule umfasst die Unterrichtzeit (Uz) wie die Pausen in der Schule, die Zeiten für die Schülermitverwaltung und zusätzliche Angebote der Schule selbst. In den Pausen sind auch die Pausen für Essen enthalten; auch sind in dieser Kategorie Betreuungszeiten (z. B. während Mittagszeit) zu berücksichtigen. Im wesentlichen geht es bei dieser Kategorie um die physische Anwesenheit der Schüler in der Schule, wobei einzelne unterrichtsbezogene Aufenthalte an anderen Orten (z. B. Schullandheimaufenthalte, Unterricht im Ausland im Rahmen des Schüleraustausches) über die Unterrichtszeit integriert bleiben" (ebd. XI).

Die schulbezogene Zeit (sZ)

„Die schulbezogene Zeit umfasst die Zeit in der Schule (ZiS) sowie die Zeitaufwendungen für Hausaufgaben, den Schulweg und den Nachhilfeunterricht in verschiedener Form. Schließlich sind in diese Kategorie auch alle außerschulischen Unterrichtsveranstaltungen einzubeziehen, welche, wie bereits erwähnt, schulbezogen sind, wie beispielsweise Musik, Sport, Kunst, Sprachen und Religion" (ebd. XI).

Die nicht schulbezogene Zeit

Laut Definition von Kopp (Von Kopp, 1990, S. 83) kann „Nicht Schulbezogene Aktivitäten" als Fernsehen, Mithilfe im Haushalt oder Freizeit verstanden werden.
Laut Definition von Schaub und Zenke kann „Freizeit" folgendermaßen verstanden werden:

„Die nicht durch Schule, Studium, Erwerbsarbeit, berufsorientierte Weiterbildung oder andere, die soziale Sicherheit betreffende Aktivitäten besetzte Zeit" (Schaub/Zenke, 2000, S. 223).

Nach Nolteernsting ist Freizeit im Gegensatz zu anderen Lebensbereichen der Jugendlichen als relativ autonomer Raum zu betrachten. Freizeit hängt ab von mehreren äußeren Einflüssen wie Zeit, Geld, Mobilität und Angebot. (vgl. Nolteernsting, 1998, S. 60). Die folgenden ausgeübten Aktivitäten können zur Freizeit zählen: Ausgehen, Ausflüge, Mediennutzung wie z. B. Fernsehen, Radio hören, Lesen, Spiel, Sport, Musik und Kultur (vgl. Blanke/Ehling/ Schwarz, 1991, S. 221).

Zeit in der Schule

Mit den veröffentlichten Werkstattberichten des Deutschen Instituts für Internationale Pädagogische Forschung wurden Zwischenergebnisse dargestellt, die sich mit dem Thema „Zeit in der Schule" befassen. Die Verfasser der Werkstattberichte haben die statistischen Daten der Zeitbudgetstrukturen unter quantitativem Aspekt gewonnen, und unter qualitativem über dieses Thema

diskutiert. Im Schuljahr 1988/89 wurde an der Frankfurter Waldorfschule eine empirischen Untersuchung über die Zeitbudgetstrukturen von Waldorfschülern mit Hilfe einer Befragung auf der Basis einer Zufallsstichprobe durchgeführt (Haug, 1991).
Bei der Auswahl der Zeitkategorie des Tageszeitbudgets des Schülers – typische Angaben einer Durchschnittswoche oder Normalwoche, in der von montags bis samstags Normalunterricht in der Schule besucht wird – wurde von folgender Einteilung ausgegangen:

Abb. 2.2: die Zeitkategorien von Tageszeitbudget des Schülers

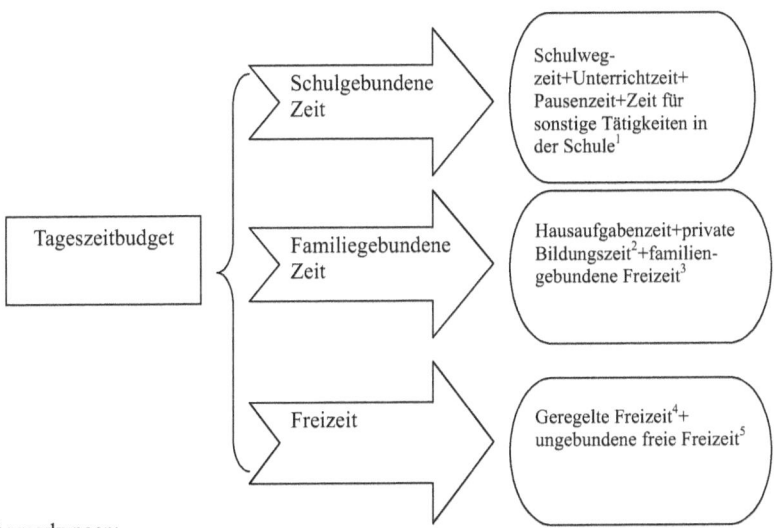

Anmerkungen:
1. Zeit für sonstige Tätigkeiten in der Schule = Zeit für Tätigleiten in der Schule, die weder Unterricht noch Pausen betreffen wie z. B. Arbeitsgemeinschaften, SV, Schülerzeitung u. ä.;
2. Private Bildungszeit = Zeit für außerschulischen Unterricht etwa als Nachhilfe oder für ein Musikinstrument oder sonstige Weiterbildung;
3. Familiengebundene Freizeit = Zeit für häusliche Verpflichtungen wie Körperpflege, Essen, Haushaltspflichten u. ä.;
4. Geregelte Freizeit = Zeit für regelmäßige Freizeitaktivitäten wie Sport, Vereinstätigkeit, Mitwirkung in sonstigen Gruppen;
5. Freie Freizeit = ungebundene freie Zeit zur Verfügung des Schülers.
Quelle: Eigene Darstellung nach Haug, 1991, S. 18

2.5 Modelle schulischen Lernens und Bedingungsfaktoren schulischer Leistungen

Die pädagogische und psychologische Forschung der letzten Jahrzehnte hat sich intensiv mit Determinanten oder Bedingungsfaktoren der Schulleistungen befasst. Es gibt einige Modelle die Schulleistungen und ihre Determinanten zu erfassen, wie das sehr einflussreiche Modell von Carroll (1963, als Forschungs- und Evaluationsgrundlage), das Modell von Bloom (1976), die Modelle von Creemers (1994) und Slavin (1994), usw. In den folgenden Abschnitten werden das Modell von Carroll, Lehr- und Lernzeit im Unterricht nach Treiber (1982) und mögliche Determinanten oder Bedingungsfaktoren schulischer Leistungen innerhalb verschiedener Bereiche vorgestellt.

Das Modell von Carroll (1963)

In der Pädagogischen Psychologie stellte Carroll 1963 sein "model of school learning" vor. „Im Modell von Carroll wird die in einer Schulklasse oder von einem Schüler tatsächlich aktiv genutzte Lernzeit mit der zur Erreichung eines Unterrichtsziels benötigten Lernzeit in Beziehung gesetzt" (Helmke/Weinert, 1997, S. 79). Bei dem Lernzeit-Modell Carrolls spielt das Verhältnis der tatsächlich aufgewendeten Lernzeit zur tatsächlich benötigten Lernzeit eine zentrale Rolle. Je mehr die aufgewendete Lernzeit die benötigte Lernzeit überwiegt, desto mehr lernen Schüler hinzu.

Die tatsächlich benötigte Lernzeit ist abhängig von der aufgabenspezifischen Begabung eines Schülers und seiner Fähigkeit, dem Unterricht zu folgen. Je höher die aufgabenspezifische Begabung ist, desto kürzer ist die Lernzeit für eine Aufgabe. Die aufgabenspezifische Begabung ist dabei selbst eine Funktion der allgemeinen Begabung und durch früheres Lernen gesparte Zeit. Die Fähigkeit, dem Unterricht zu verstehen, wird von der allgemeinen kognitiven Fähigkeit und der verbalen Fähigkeit beeinflusst und interagiert mit der Unterrichtsqualität.

Die tatsächliche aufgewendete Lernzeit ist abhängig von der Ausdauer und der zugestandenen Lernzeit.

Die zugestandene Zeit ist die Zeit, die dem Schüler zum Lernen zur Verfügung steht. Diese wird durch Gruppierungs- und Individualisierungsmaßnahmen bestimmt. Die zugeteilte Lernzeit ist die Zeit in der Stundentafel festgelegten Unterrichtsstunden (Carroll, 1963; vgl. Helmke/Weinert, 1997, S. 80).

Lehr- und Lernzeit im Unterricht nach Treiber (1982)

„Die wichtigsten Bestandteile dieser Modelle: Nominale Unterrichtszeit, tatsächliche Unterrichtzeit, Nutzbare Instruktionszeit, Schüleranwesenheit und Aktive Lernzeit" (Treiber in Treiber/Weinert, 1982, S. 12).

➢ Die Nominale Unterrichtzeit bedeutet die im Fachstundenplan einer Schulklasse angesetzte Anzahl von Unterrichtsstunden in einem Schuljahr (Harnischfeger/Wiley 1976, in Treiber 1982, S. 13) bzw. die im Stundenplan vorgeschriebene Anzahl von Unterrichtsstunden pro Schuljahr (Helmke/Weinert, 1997, S. 79).
➢ Die Tatsächliche Unterrichtzeit ergibt sich aus der Anzahl der tatsächlich gehaltenen Fachstunden in einer Schulklasse (ebd.).
➢ Die Nutzbare Instruktionszeit ist die Dauer der zur Vermittlung lehrzielbezogener Stoffinhalte beanspruchten Unterrichtszeit (ebd.).
➢ Die Aktive Lernzeit ist die Dauer der Unterrichtsbeteiligung und Aufmerksamkeit eines Schülers während des Unterrichts (ebd.).

„Die Zeitmetrik von Schuljahren, Wochenstunden und Unterrichtsminuten liefert den dafür erforderlichen Beschreibungsrahmen, in dem sich die relative Nutzung der nominalen Unterrichtszeit durch Lehrer und Schüler als Prozentquoten ihrer tatsächlichen Lehr- bzw. Lernzeit ausdrückt" (Treiber, 1982, S. 14). Diese Vorteile können für die oben drei genannten Lehr-Lern-Zeit-Variablen, wie die Nominale und Tatsächliche Unterrichtzeit sowie Schüleranwesenheit, genutzt werden (ebd.).

Bedingungsfaktoren schulischer Leistungen nach Helmke und Weinert (1997)

Die Determinanten der Schulleistungen lassen sich nach Bereichen unterscheiden. Nach Helmke und Weinert (1997) bestehen Bedingungsfaktoren schulischer Leistungen aus Kontextbedingungen, individuellen Determinanten, familiären Determinanten und Determinanten von Unterricht und Lehrerpersönlichkeit. Die einzelnen Determinanten können nicht isoliert betrachtet werden, da Schulleistungen multipel determiniert sind :

➢ Die Kontextbedingungen beschreiben Umgebungsvariablen und umfassen schulexterne Faktoren (z. B. die kulturelle, gesellschaftlichen und wirtschaftlichen Rahmenbedingungen, Bildungssystem, Bildungsexpansionen, usw.), schulinterne Faktoren – die schulorganisatorischen Einflüsse (z. B. Schulniveau, Schulsystem, usw.), und Klasseninterne Faktoren.
➢ Die individuellen Determinanten umfassen konstitutionelle Determinanten (z. B. Lebensalter und Geschlecht), kognitive (z. B. Intelligenzniveau) und konative (Willens) Determinanten, und motivationale, affektive Determi-

nanten (wie Fähigkeitsselbstbild, Prüfungsangst, Einstellung zum Lernen, Interesse).
- Die familiären Determinanten sind die genetische Faktoren (z. B. Intelligenz der Eltern), soziale Statusvariablen (z. B. Soziale Schichtzugehörigkeit, Familienstruktur, usw.) und Prozessmerkmale (z. B. Stimulation des Kindes in lern- und bildungsrelevanten Bereichen).
- Determinanten schulischen Leistungen von Unterricht und Lehrerpersönlichkeit lassen sich in Prozessmerkmale des Unterrichts (z. B. Unterrichtsmanagement, usw.) und Persönlichkeit und Verhalten des Lehrers (z. B. Unterrichtsstil, Lehrerexpertise) unterteilen (Helmke/Wienert, 1997, S. 85–152; vgl. Weinert, 1997, S. 181–253).

2.6 Jugendliche Sozialisation

2.6.1 Sozialisation

Die Sozialisation (aus dem Lateinischen) ist ein sozialwissenschaftlicher Begriff. „Sozialisation" kann nach Geulen und Hurrelmann folgendermaßen gefasst werden:

> Sozialisation ist „der Prozess der Entstehung und Entwicklung der Persönlichkeit in wechselseitiger Abhängigkeit von der gesellschaftlich vermittelten sozialen und materiellen Umwelt" (Geulen/Hurrelmann in Hurrelmann/Ulich, 1980, S. 51).

D. h. Sozialisation bezeichnet die Entwicklung der Persönlichkeit aufgrund ihrer Interaktion mit einer spezifischen, materiellen und sozialen Umwelt. Unter Sozialisation versteht man nach Grundmann:

> „Sozialisation ist zu einem Alltagsbegriff geworden, mit dem umschrieben wird, wie Heranwachsende in die Gesellschaft integriert werden und dabei eine eigene Persönlichkeit ausbilden. (...) In einem umfassenden Sinne wird der Begriff Sozialisation verwandt, um die soziale Integration von Individuen in die Gesellschaft, konkret: die soziale Bindung an Bezugsgruppen und Bezugspersonen und die Kultivierung sozialer Beziehungen zu umschreiben." (Grundmann, 2006, S. 9).

Die junge Generation wird durch Sozialisation im sozialen Bereich, nämlich im Bereich von Werten und Normen, Wertorientierungen und Verhaltensweisen, gesellschaftlich handlungsfähig. Damit hat sie die Funktion der Anpassung des einzelnen an die gesellschaftlich konstituierte soziale Welt und die der Herausbildung der Persönlichkeit (Kron, 2001, S. 53).

Phasen der Sozialisation

„Sozialisation als Lebenslanger Prozess umfasst verschiedene Phasen" (Li, Yousui, 2004, S. 35), und zwar Primäre Sozialisation, Sekundäre Sozialisation und Tertiäre Sozialisation.
„Die Sozialisation in Familie kann als primäre Sozialisation bezeichnet werden, weil Familien in der Regel die früheste und nachhaltigste Prägung der Persönlichkeit eines neu geborenen Gesellschaftsmitgliedes vornehmen" (Hurrelmann, 2002, S. 127). D. h. die primäre Sozialisation findet vor allem in der Familie statt. Auch in Beziehungen zu Gleichaltrigen wird mit der Herausbildung einer personalen Identität des Individuums abgeschlossen. Die in dieser Phase verinnerlichten Normen, Werte und Verhaltensweisen gelten als stabil, können sich aber in einer sekundären Sozialisation noch ändern.
Die sekundäre Sozialisation findet hauptsächlich in der Familie, Schule oder Altersgruppe statt und bereitet das Individuum auf seine Rolle in der Gesellschaft vor. In organisierten Erziehungs- und Bildungssystemen „arbeiten professionell ausgebildete Fachleute, in erster Linie Erzieherinnen und Erzieher, Lehrerinnen und Lehrer und Sozialarbeiterinnen und Sozialarbeiter. Im Unterschied zu den Laienerziehern Vater und Mutter sind die Berufspädagoginnen und Berufspädagogen fachlich für die Rolle des Erziehens ausgebildet. (...) Deshalb kann die Sozialisation in Erziehungs- und Bildungssystemen auch als sekundäre Sozialisation bezeichnet" (Hurrelmann, 2002, S. 187).
Die tertiäre Sozialisation findet im Erwachsenenalter statt und bezeichnet die Anpassungen, die das Individuum in Interaktion mit seiner sozialen Umwelt ständig vornimmt. Da Sozialisation als ein lebenslanger Prozess des Lernens und der Anpassung verstanden werden muss, kann schließlich auch im beruflichen Bereich (berufliche Sozialisation) und darüber hinaus von einer tertiären Sozialisation gesprochen werden.
Nach Lange (Lange, 2004) gehören die folgenden Anforderungen und lösende Aufgaben zu Jugendphase:

> „Die Entwicklung einer intellektuellen und sozialen Kompetenz, um zunächst schulischen und später beruflichen Qualifikationsanforderungen nachkommen zu können, so dass eine Berufsrolle übernommen und damit die ökonomische Basis für das eigene Leben geschaffen werden kann. Die Entwicklung dieser Kompetenzen erfolgt vor allem im Bereich von Schule und Berufsausbildung.
> Die Entwicklung der eigenen Geschlechtsrolle und des sozialen Verhaltens zu Gleichaltrigen des eigenen und des anderen Ge-

schlechts, um später die Rolle des (Ehe-)Partners übernehmen und eigene Kinder erziehen zu Können. Die Entwicklung dieser Kompetenzen erfolgt vor allem im Bereich der Familie und der Peergruppen" (Lange, 2004, S. 24–26).

Da es sich auf die Jugendphase in der vorliegenden Arbeit bezieht, spielt die sekundäre Sozialisation eine wichtige Rolle zum Thema der „Zeitnutzung von Jugendlichen", daher werden im folgenden Sozialisation in der Schule und Sozialisation in soziokulturellen Umfeld dargestellt.

2.6.2 Sozialisation in der Schule

Ulich (Ulich, 1983, 47; in Hurrelmann/Ulich, 1991, S. 381) hat die Struktur- und Prozessdimensionen zur Systematik schulischer Sozialisationsbedingungen dargestellt:

> - Strukturdimensionen (Schule als Institution; Schulsystem; Schulklasse; Lehrer-Schüler-Interaktionen)
> - Prozessdimensionen (Normierung und Kontrolle des Schülerverhaltens; Leistung; Unterricht).

„Die vier Strukturdimensionen stehen in einem hierarchischen Verhältnis zueinander und in einem wechselseitigen Interdependenzverhältnis zu den Prozessdimensionen" (ebd.).

Aus der Sicht der „Struktur-funktionale Theorien" von Parsons (Parsons, 1981, in Zimmermann, 2000, S. 110) hat die Schule für den Erhalt der Gesellschaft zwei zentrale Aufgaben:

> - Die Schule soll den Heranwachsenden kompetentes Rollenhandeln vermitteln, um die Bereitschaft und Fähigkeit zur erfolgreichen Erfüllung ihrer späteren Erwachsenenrolle zu verinnerlichen
> - Die Schule soll die Schülerinnen und Schüler in die Rollenstrukturen der Erwachsenenwelt verteilen, d. h. die Schule hat die Aufgabe der Selektion (Zimmermann, 2000, S. 110).

2.6.3 Sozialisation in soziokulturellem Umfeld

Sozialisation in der Freizeit und in der Peer-Group

Kinder und Jugendliche erhalten heute wichtige Impulse für ihre Persönlichkeitsentwicklung nicht mehr durch die „Straßensozialisation". Immer mehr geschützte und kontrollierte Innenräume haben sich entwickelt, insbesondere im Freizeit- und Geschäftsbereich der Innenstädte. Kinder und Jugendliche nutzen Spiel-, Begegnungs- und Bewegungsräume und benötigen die soziale und physische Umwelt als Erfahrungsbereich, um sich körperlich und sozial zu entfalten (Hurrelmann, 2002, S. 249).

Die Gleichaltrigengruppe ist für die Freizeitgestaltung ein „entscheidendes Forum. Sowohl in Kindergarten und Schule als auch in der Freizeit übernimmt sie nicht nur Aufgaben der Geselligkeit und wird zur Außenfamilie, sondern sie hat auch die Funktion, in der immer unübersichtlicher werdenden Konsumwelt zu orientieren" (ebd. S. 246). Nach Krappmann ist „ein Peer der als Interaktionspartner akzeptierte Gleichaltrige, mit dem das Kind sich in Anerkennung der jeweiligen Interessen prinzipiell zu einigen bereit ist" (Krappmann in Hurrelmann/Ulich, 1991, S. 364). Daher bedeutet Peer-Group Gruppe von Gleichaltrigen. Als Peer-Group gelten Gruppen mit Mitgliedern ähnlichen Alters, meist auch ähnlicher sozialer Herkunft und gleichen Geschlechts. Zu einer bedeutenden Sozialisationsinstanz für die Jugendliche ist inzwischen die Gleichaltrigengruppe geworden (Nolteernsting, 1998, S. 31). Innerhalb der Gruppe bestehen in der Regel keine Machtstrukturen und Hierarchien. Die Gruppen schließen auch Freunde und Freundinnen mit ein und sind gemischtgeschlechtlich (vgl. ebd. S. 32). Peer-Groups übernehmen bei Jugendlichen sehr wichtige Sozialisationsfunktionen (Li, Yousui, 2004, S. 54). In einer Peer-Group ist es möglich den Umgang mit anderen zu lernen, die Freizeit zu verbringen, den Übergang ins Erwachsensein in geschützten Raum der Gleichaltrigen zu erfahren, wie z. B. bei Konflikten mit dem Elternhaus können Peer-Groups einen dominierenden Einfluss ausüben (vgl. ebd. S. 125–129). „Soziale Ungleichheiten werden in der Struktur der Mitglieder der Peers reduziert" (Nolteernsting, 1998, S. 32). Es könnte allerdings noch sein: in einem problematischen Umfeld können Peer-Groups Jugendliche zu gewalttätigen Handlungen und Drogenkonsums oder zu Risikoverhalten veranlassen. Besonders auf identitätsschwache Jugendliche können Peer-Groups über Mutproben und Erpressungen einen schädigenden Einfluss ausüben (vgl. Li, Yousui, 2004, S. 55–56, S. 139).

Sozialisation in der Medienumwelt

„Die Bedeutung der Medien, insbesondere der Massenmedien als Sozialisationsfaktoren ist also anerkannt und wird hoch

eingeschätzt" (Schorb/Mohn/Theunert, in Hurrelmann/Ulrich, 1991, S. 494).
Mediennutzung ist als soziales Handeln. Die Mediennutzung erfolgt nicht automatisch und ist nicht ein quasi naturwüchsiges Phänomen. Ein bestimmtes Freizeitbudget steht dem Jugendlichen zur Verfügung und er muss im Rahmen dieser freien Zeit sich zwischen zahlreichen medialen und nicht medialen Freizeitmöglichkeiten entscheiden. Hinter der Mediennutzung steht immer der einzelne Jugendliche mit bestimmten Problemen und Bedürfnissen. Heranwachsende nutzen die Medien, da diese in unterschiedlichem Ausmaß kommunikationsrelevante Bedürfnisse zu befriedigen vermögen. Es handelt sich dabei nicht nur um Informations- und Orientierungsbedürfnisse, sondern noch Affektive, Integrative und soziale Bedürfnissen (Berg/Kiefer, 1986, S. 11–18).
Kognitive Bedürfnisse: Es geht um Information und Orientierung über die Umwelt im weitesten Sinn und auch die Selbsterfahrung und Hinweise darauf, wie andere sich fühlen und verhalten. Affektive Bedürfnisse: Spannungssuche, Entspannung, Ablenkung, Eskapismus oder Wirklichkeitsflucht, emotionale Funktionen wie Stimmungsausgleich und Spannungskontrolle gehören in diesen Bereich. Integrative Bedürfnisse: Mediennutzung kann Vertrauen und Geborgenheit schaffen, dem Tages- und Wochenablauf Sinn und Struktur verleihen. Soziale Bedürfnisse: Mediennutzung kann erfüllen, in dem sie Kontakt zur Umwelt herstellt, indem Medieninhalte Anlass zu Gesprächen geben (ebd. S. 18).

Mediale Sozialisation „ist nur erklärbar im historisch-gesellschaftlichen Kontext unter Einbezug der individuellen Adaption und Variation dieses Kontextes. Mit anderen Worten stehen Medien, Gesellschaft und Individuum in einem Wechselverhältnis, in welchem jeder Faktor den anderen beeinflusst" (Schorb/ Mohn/Theunert in Hurrelmann/Ulich, 1991, S. 495). Nach Schorb/Mohn/ Theunert lässt sich der Zusammenhang zwischen Sozialisation und Medien aus der Perspektive der Sozialisation von drei Seiten hersehen:

1. Die Medien sind wichtige Faktoren, die Einstellungen, Urteile, Wissen und auch Verhalten der Menschen beeinflussen.
2. Die Medien lassen sich selbst als fremdbestimmte Instrumente der Sozialisation und als Hilfsmittel der Enkulturation nutzen.
3. Die Medien lassen sich auch als selbstbestimmte Instrumente der Sozialisation und als Mittel zur kritischen Auseinandersetzung und Artikulation im sozialen Umfeld nutzen (ebd.).

2.7 Zusammenfassung der theoretischen Grundlagen

Die wissenschaftlichen Forscher haben den Begriff „Zeit" nach verschieden Aspekten definiert und unterschiedliche Theorien entwickelt. In den obigen Abschnitten wurden zunächst der Begriff „Zeit" auf den verschiedenen definierten Weisen und die drei Phasen der „Zeit-Geschichte" zum Thema „Zeitnutzung von Jugendlichen" der vorliegenden Arbeit als theoretische Grundlagen dargestellt (siehe Teil 2.1 und 2.2). Da sich die vorliegende Arbeit mit einem Vergleich verschiedener Kulturen befasst, nämlich dem zwischen Deutschland und China, wurde dann die kulturelle historische Bedeutung der „Zeit" in der chinesischen Sprache auch vorgestellt (siehe Teil 2.3).

Um Antworten auf die Fragen zu suchen, wie sich die Strukturen des Alltagslebens deutscher und chinesischer Jugendlicher unterscheiden und wie die Unterschiede und die Gemeinsamkeiten des Zeitbudgets von Jugendlichen in beiden Ländern aussehen, wurde „Zeit als Thema von Sozialforschung" als theoretische Grundlagen weiter ausführlich dargestellt (siehe Teil 2.4). Diese Theorien, die in Deutschland, oder in der interkulturellen Vergleichsforschung verwendet wurden, waren und sind wichtig für Zeitforschung. Gemäß der Theorien wurde auch die empirische Untersuchung durchgeführt, wie die Untersuchungen „Zeit für Schule" und „Zeit in der Schule", in dessen die zentrale Frage lautete, ob und inwieweit individuelle Schülerleistungen und die Leistungsfähigkeit von Schulen davon abhängig sind, welche Zeit Schüler (und Lehrer) in der Schule verbringen und wie schulische (und außerschulische) Zeitläufe strukturiert werden. Insbesondere habe ich die Theorien berücksichtigt, weil sie später in meiner Arbeit als Vergleichskategorien der Zeitnutzung von Jugendlichen und Diskussionsgrundlagen benutzt werden.

Die pädagogische und psychologische Forschung der letzten Jahrzehnte hat sich intensiv mit Determinanten oder Bedingungsfaktoren der Schulleistungen befasst. Es gibt einige Modelle die Schulleistungen und ihre Determinanten zu erfassen (siehe Teil 2.5). Unter welchen Rahmenbedingungen leben die deutschen und chinesischen Jugendliche? Welche Zusammenhänge ergaben sich zwischen der unterschiedlichen „Zeit für Schule" und der Schulleistungen? Ausgehend von den genannten Fragen werden die dargestellten Theorien der Modelle schulischen Lernens und Bedingungsfaktoren schulischer Leistungen im nächsten Teil berücksichtigt und zum Schluss mit den Theorieansätzen „Jugendliche Sozialisation" (Teil 2.6) zusammen als Diskussionsgrundlagen verwendet.

3. Kulturvergleich

Jeder Mensch wird in eine Kultur hineingeboren und wächst in ihr heran. Diese Kultur hat sich unter dem Einfluss viele Faktoren entwickelt, z. B. spezielle geographische Bedingungen, eigene Geschichte und Gesellschaftsformation, Politik, Bildungswesen usw. Man kann feststellen, dass es zwischen Deutschland – „westliches Land" – und China – „östliches Land" – große Unterschiede in den kulturellen Bereichen gibt, die auch Zeitstrukturen und Schulleistungen beeinflussen können (vgl. Kapitel 2.5). Im folgenden Kapitel wird zunächst ein Vergleich der allgemeinen kulturellen Dimensionen wie Geschichte, Geographie, Bevölkerung, Staatsformen, usw. zwischen beiden Ländern angestellt. Anschließend wird das Bildungswesen beider Kulturen beschrieben, schließlich wird das Alltagsleben von Jugendlichen ausführlich unter Zeitkategorien (vgl. Kapitel 2.4) in Deutschland und China dargestellt und einem Vergleich unterzogen. Zum Schluss werden hypothetische Annahmen formuliert.

3.1 Historisch-kultureller Hintergrund

Deutschland und China unterscheiden sich hinsichtlich der allgemeinen kulturellen Dimensionen – Geschichte, Geographie, Bevölkerung, Staatsformen, Politik, sowie Philosophie, Religion und Gesellschaftssystem.

Die Grunddaten der beiden Länder werden in der Tab. 3.1 dargestellt.
Der Beitritt der DDR zur Bundesrepublik erfolgte am 3. Oktober 1990. Die Einheit war möglich geworden. Die Bundesrepublik Deutschland liegt im Herzen Europas. Das Staatsgebiet der Bundesrepublik Deutschland ist rund 357 000 Km² groß. Die längste Ausdehnung von Norden nach Süden beträgt in der Luftlinie 876 km, von Westen nach Osten 640 km. Klimatisch liegt Deutschland im Bereich der gemäßigt kühlen Westwindzone zwischen dem Atlantischen Ozean und dem Kontinentalklima im Osten. Große Temperaturschwankungen sind selten. Deutschland wird von rund 82,0 Millionen Menschen (darunter 7,3 Millionen Ausländern) bewohnt und gehört mit einer Bevölkerungsdichte von 229 Menschen pro Quadratkilometer zu den dichtesten besiedelten Ländern Europas. Deutsch ist in Deutschland Muttersprache und gehört zur Großgruppe der indogermanischen Sprachen.
In der Bundesrepublik Deutschland ist der Föderalismus durch das Grundgesetz geregelt. Die Bundesrepublik besteht aus 16 Bundesländern, welche keine Provinzen, sondern Staaten mit eigener Staatsgewalt sind. Sie haben Landesverfassungen, die den Grundsätzen des republikanischen, demokratischen und sozialen Rechtsstaat im Sinne des Grundgesetzes entsprechen müssen.

Deutschland ist ein wohlfahrtsdemokratisches Land, in dem keine Partei immer Regierungspartei sein kann, es gibt viele Oppositionsparteien. Die Wahlen zu allen Volksvertretungen sind allgemein, unmittelbar, frei, gleich, und geheim. Viele Deutsche gehören nicht nur einem der insgesamt rund 300 000 Vereine an. Das deutsche Vereins- und Verbandsleben ist außerordentlich vielfältig. In den Vereine wird das gemeinsame Hobby gepflegt. Fast jeder vierte Deutsche ist Mitglied eines Sportvereins, die Gesangvereine zählen über zwei Millionen Mitglieder. Jugend- und Frauengruppen runden das Spektrum ab. Das soziale und karitative Engagement der Kirchen ist ein wesentlicher Bestandteil des öffentlichen Lebens. Mehr als 55 Millionen Menschen bekennen sich in Deutschland zu einer christlichen Konfession. 28 Millionen sind evangelisch, 27 Millionen römisch-katholisch. Eine Minderheit gehört anderen christlichen Gemeinschaften an. In Deutschland gibt es keine Staatskirche, d. h. keine Verbindung zwischen staatlicher und kirchlicher Verwaltung und damit keine Kontrolle der Kirchen durch den Staat.

Die deutsche Philosophie wird von der altgriechischen und altrömischen Philosophie sowie von französischer Revolution beeinflusst. Die Ideen der Demokratie, der Freiheit, der Gerechtigkeit sind tief im Bewusstsein der Massen verankert. In Deutschland wird der individuellen Wertorientierung eine Priorität eingeräumt (vgl. Zhang, 2002, S. 266; Wang, 2005, S. 64; Presse- und Informationsamt der Bundesregierung, S. 10–19, 180–190, 445–450).

Vor etwa 4000 Jahren existierte Xia-Dynastie. Die schriftliche aufgezeichnete chinesische Geschichte begann vor mehr als 3000 Jahren mit der Shang-Dynastie. Die Volksrepublik wurde am 01.10.1949 gegründet. Die Volksrepublik China ist mit 1,306 Millionen Einwohnern (Staatliches Statistikamt, 2005) das bevölkerungsreichste Land der Erde, und sie hat das flächenmäßig vierte größte Staatgebiet der Erde mit einer Fläche von rund 9,6 Millionen Quadratkilometern. Die Ausdehnung von Norden nach Süden beträgt ca. 5500 km, von Westen nach Osten 5200km. Das Klima in China ist vielfältig: im Westen, Norden und Nordosten herrscht ausgeprägtes Kontinentalklima mit sehr kalten Wintern und heißen Sommern. Im Süden ist das Klima hingegen subtropisch bis tropisch. Tibet hat ein spezielles Hochgebirgsklima. Chinesisch ist in China Muttersprache, welche der ostasiatischen Sprachgruppe der Sino-Tibetischen Sprachfamilie angehört.

China ist ein Einheitsstaat und ein sozialistische Staat. Heute gibt es in China einschließlich Tai Wan 34 Einheiten auf Provinzebene: 23 Provinzen, 5 autonome Gebiete, 4 regierungsunmittelbare Städte und 2 Sonderverwaltungszonen (vgl. Zhang, 2002, S. 13; Wang, S. 55,58; Dietsch, 1996, S. 16–22, 58; Kausch, 1999, S. 10–13; Geographie Chinas, Online).

Nach der Ende des zweiten Weltkriegs endete der chinesische Bürgerkrieg zwischen der kommunistischen Partei Chinas und der Guomingdang. Am 01.10.1949 proklamierte Mao Zedong die Volksrepublik China und errichtete

einen kommunistischen Staat. Nach Maos Tod übernahm Deng Xiaoping die Führung. Die zentrale Verwaltungswirtschaft wird schrittweise reformiert, mit dem Ziel eine sozialistische Markwirtschaft zu schaffen. „Seit 1949 hat die Politik der VR China vor allem die Herausbildung der beiden Grundformen des sozialistischen Eigentums, des Staats- bzw. Volkseigentums und des Kollektiveigentums gefördert" (Grandow in Belardi, S. 60).
In China gib es das Einparteisystem, nämlich die kommunistische Partei Chinas (KPCh). Nominell das höchste Staatsorgan ist der Nationale Volkskongress (NVK), das Parlament Chinas. Er wählt den Staatspräsidenten, den Staatsrat, die oberste Staatsanwaltschaft. Die verbreiteten Religionen in China sind Buddhismus, Daoismus, Islam, Christentum und Lamaismus. Der Konfuzianismus, der eigentlich eher Sozialethik als Religion ist, beeinflusst bis Heute die moralischen Verhaltensweisen der Chinesen. Um das rasche Bevölkerungswachstum einzudämmen wurde die Ein-Kind-Politik betrieben (vgl. Zhang, 28–30; Wang 21, 58–60, 64; Dietsch, 1996, S. 62–64, 98–106).
In China dominiert die kollektive Orientierung (vgl. Zhang, 2002, 266). „Der Kollektivismus ist eng verknüpft mit der (für die asiatischen Gesellschaften prägenden) Familienethik. Das Ziel der kollektiven Orientierung wird nicht nur in der Familienerziehung, sondern auch in Bildungseinrichtungen wie Schule und Hochschule betont" (Zhang 2002, S. 29).

Tab. 3.1: Überblick des Vergleichs in den allgemeinen kulturellen Dimensionen

	Deutschland	China
Geschichte	Seit 1990 BRD	Anfang der Dynastie: Ca. 21 Jh.–16 Jh. V. Chr.; Seit 1949 Volksrepublik China
Geographie	In der Mitte Europas; Das Staatsgebiet 357,022 km^2; Klima zwischen dem ozeanischen Klima Westeuropas und kontinentalen Osteuropas.	In der Ostasien; Das Staatsgebiet 9,6 Mio. km^2; Klima je nach Region vielfältig (Kontinentalklima; Subtropisch; Tropisch; Hochgebirgsklima)
Sprache	Die deutsche Sprache gehört der germanischen Sprachfamilie an und diese dem indogermanischen Sprachstamm.	Chinesisch gehört der ostasiatischen Sprachgruppe der Sino-Tibetischen Sprachfamilie an
Bevölkerung	82 Millionen Einwohner	1,3 Milliarden Einwohner
Staat	Industrieland; Eine Republik und ein demokratischer Rechts-, Sozial- und Bundesstaat	Entwicklungsland; Das sozialistische Wirtschafts- und Staatssystem
Politik	Föderalismus; Freie Wahlen	Einparteisystem (Kommunistische Partei Chinas)
Gesellschaft	Kirchen, Vereine und Verbände fördern die Gesellschaftsordnung	Familie spielt zentrale Rolle; Ein-Kind-Politik (Staatliche Familie Planung)
Philosophie	Demokratie, Freiheit usw.	Konfuzianismus und Daoismus
Religion	Christliche Religion am Verbreitesten; Katholische; Evangelische; Orthodoxe; Neuapostolische	Buddhismus; Daoismus; Islam; Christentum; Lamaismus
Wertorientierung	Individuelle Orientierung	Kollektive Orientierung

3.2 Bildungswesen in beiden Ländern

Neben den kulturellen Einflüssen unterscheiden sich beide Länder im Bildungswesen.

3.2.1 Bildungswesen in Deutschland

3.2.1.1 Kultusministerkonferenz (KMK)

Die ständige Konferenz der Kultusminister der Länder in der Bundesrepublik Deutschland (Kurzform: Kultusministerkonferenz, Abk.: Kultusministerkonferenz) wurde im Oktober 1949 als freiwillige Arbeitsgemeinschaft der Kultusminister aller Länder der Bundesrepublik gegründet und ging aus der „Konferenz der Deutschen Erziehungsminister" hervor. Die KMK ist das wichtigste Gremium zur Koordination der Kulturpolitik zwischen den einzelnen Bundesländern und sie ist ein freiwilliger Zusammenschluss, der für Bildung und Erziehung, Hochschule und Forschung, sowie kulturelle Angelegenheiten zuständigen Minister bzw. Senatoren der Länder (vgl. Abb. 3.1). Nach dem Beitritt der DDR tagten am 06.12.1990 erstmals die 16 Kulturminister auf der 251. Plenarsitzung der KMK zusammen (vgl. Arbeitsgruppe Bildungsbericht am Max-Planck-Institut für Bildungsforschung, S. 81–84).

Die Grundstruktur der organisatorischen und curricularen Ausgestaltung des Bildungssystems aller Bundesländer beruht im wesentlichen auf entsprechenden Empfehlungen der KMK. Die KMK bereitete die beiden grundlegenden Abkommen der Ministerpräsidenten der Bundesländer zur Vereinheitlichung des Bildungswesens der Bundesrepublik Deutschland vor: das Düsseldorfer Abkommen aus dem Jahre 1955 und die Fortentwicklung im Hamburger Abkommen von 1964 sowie dessen Novellierung im Jahre 1971 (ebd. S. 84; Führ 1997, S. 34–40).

Abb. 3.1: Organisation und Struktur der KMK in Deutschland

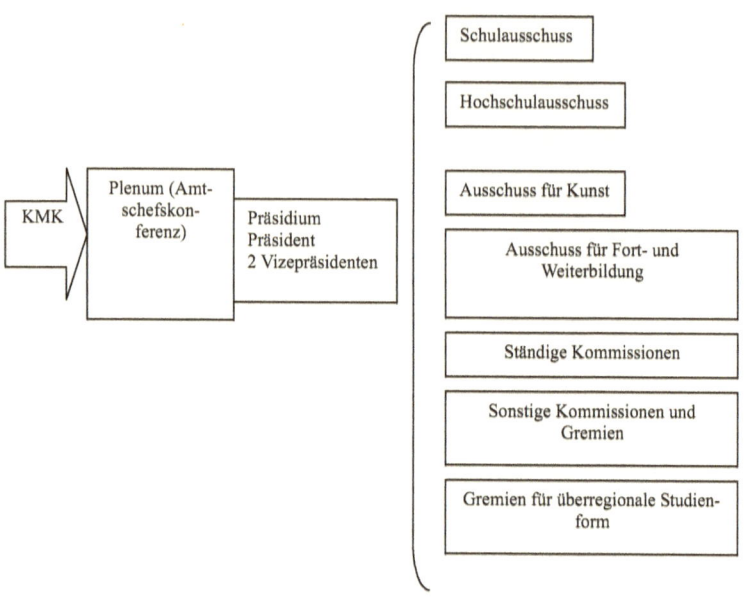

Quelle: vgl. Arbeitsgruppe Bildungsbericht am Max-Planck-Institut für Bildungsforschung, S. 83

3.2.1.2 Schulaufsicht und Schule

Die Organisation der staatlichen Schulaufsicht unterscheidet sich je nach Bundesland hinsichtlich der Ausgestaltung des Instanzenzuges, der Zuständigkeitsverteilung zwischen den Ebenen der Schulaufsicht sowie des Verhältnisses von Schulverwaltung zu Allgemeinverwaltung. Nach dem Vergleich des Aufbaus der Schulaufsicht in den Bundesländern überwiegt ein dreistufiger Behördenaufbau in den Flächenstaaten, z. B. in Baden Württemberg bestehen die Behörden der Schulaufsicht aus Minister für Kultus und Sport, Oberschulamt, und Staatliches Schulamt, in Bayern aus Staatsministerium für Unterricht, Kultus, Wissenschaft und Kunst, Schulabteilung der Regierung, Staatliches Schulamt, in Hessen aus Kultusminister, Schulabteilung des Regierungspräsidenten und Staatliches Schulamt, usw. In Hamburg setzen sich die Behörden der Schulaufsicht nur aus der Behörde für Schule, Jugend und Berufsbildung zusammen (vgl. Arbeitsgruppe Bildungsbericht am Max Planck Institut für Bildungsforschung, S. 97–104).

3.2.1.3 Die Grundstruktur des Bildungswesens

Das Bildungswesen in der Bundesrepublik Deutschland gliedert sich in fünf zentrale Bereiche: den Elementar-, den Primar-, den Sekundar-, den Tertiärbereich und den Bereich der Weiterbildung (vgl. Führ, 1997, S. 85; siehe Abb. 3.2, S. 49).

Die Elementarstufe

Die Elementarstufe entspricht den vorschulischen Einrichtungen. Zur Elementarstufe gehören alle Kinder, die noch nicht schulpflichtig sind. Die Kinder mit drei oder vier Jahren können einen Kindergarten oder einen Kinderhort besuchen. Für schulpflichtige, aber nicht schulfähige Kinder gibt es weitere Einrichtungen, nämlich Schulkindergärten und Vorklassen (Gudjons, 2001, S. 265; Führ, S. 85). Die Jungen und Mädchen lernen dort miteinander zu leben, zu basteln, zu spielen, zu singen, aufeinander zu hören, sich gegenseitig zu helfen, usw. Die meisten Kinder besuchen den Kindergarten nur am Vormittag und sind am Nachmittag in ihren Familien. Manche Kinder bleiben auch bis zum Nachmittag im Kindergarten oder Kinderhort und werden dort von den Mitarbeitern betreut. Das letzte Kindergartenjahr vor der Einschulung in die Grundschule dient dann auch schon dazu, die Aufnahme und das Lernen in der Schule gezielt vorzubereiten (vgl. Döbert/Hörner/von Kopp/Mitter, 2002, S. 102).

Die Primarstufe

Die Kinder In Deutschland sind in der Regel mit dem vollendeten 6. Lebensjahr schulpflichtig (Gudjons, 2001, S. 270). Unter den körperlichen und geistigen Voraussetzungen und mit der Schulreife bei einem Schularzt von den Kindern besuchen sie für zunächst vier Jahre eine Grundschule. In Berlin und Brandenburg sowie in Bremen und Hamburg umfasst die Grundschule sechs Jahrgangsstufen (Führ, 1997, S. 85).

Abb. 3.2: Aufbau des Bildungssystems in der Bundesrepublik Deutschland

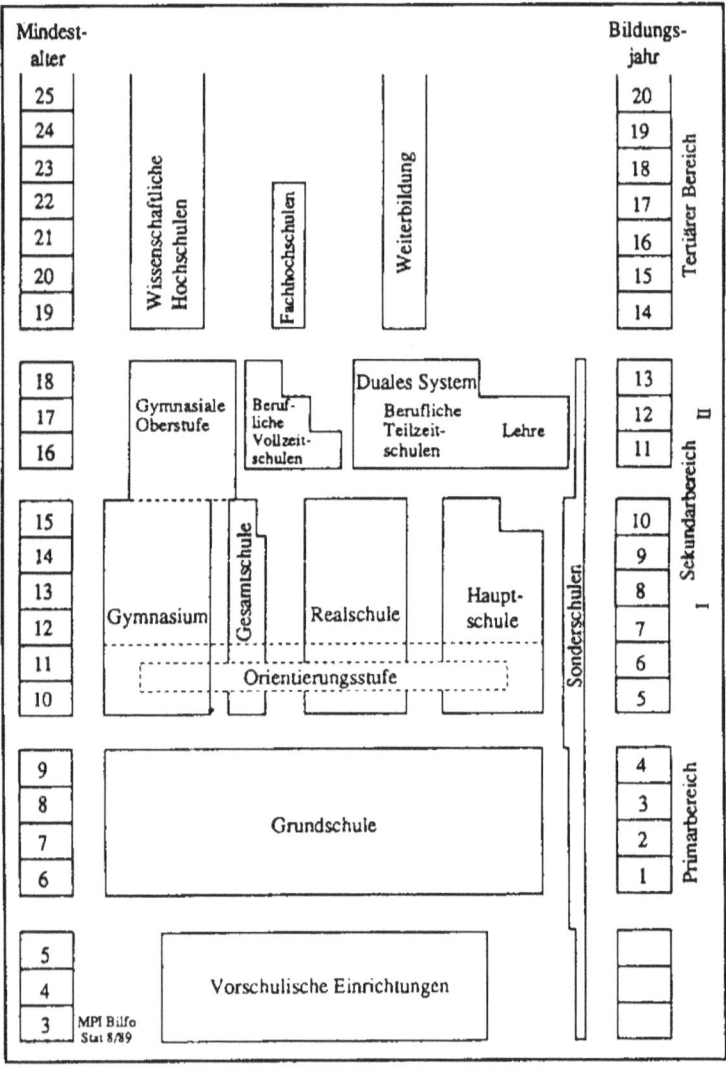

Quelle: Cortina/Baumert/Leschinsky/Mayer/Trommer(Hg.), 2003, Hamburg, S. 23

In den Klassen der Grundschule lernen die Kinder Lesen und Schreiben, sowie geographische, biologische, physikalische, politische Umwelt zu erkunden und zu begreifen. Das Unterrichtsfach heißt Sachkunde oder Sachunterricht. Musik, Kunst und Sport sind wichtige Fächer. Der Religionsunterricht hat einen verfassungsmäßig garantierten Platz im Stundenplan. Er wird erteilt nach den Grundsätzen der christlichen Bekenntnisse und Konfessionen von Lehrerinnen und Lehrern, die dazu eine besondere Bevollmächtigung der Kirche brauchen. Es gibt auch schon Grundschulen, in denen versuchsweise ab der dritten Klasse Englischunterricht erteilt wird. Dies ist aber noch nicht die Regel (KMK, Das Bildungswesen in der Bundesrepublik Deutschland 2004).

Die Sekundarstufe I

Zur Sekundarstufe I gehören die Klassen 5 bis 10. Die Sekundarstufe I endet mit dem Hauptschulabschluss oder der mittleren Reife, die zum Eintritt die gymnasiale Oberstufe berechtigt. Die Sekundarstufe I wird folgendermaßen unter verschiedenen Schulformen – Gymnasium, Realschule, Hauptschule und Gesamtschule – kurz dargestellt (vgl. Statistische Veröffentlichungen der KMK, Nr155, Juli 2001, S. 33–35; KMK, Das Bildungswesen 2004; Führ, 1997, S. 86 und 110–144).

Das *Gymnasium* umfasst sowohl den Sekundarbereich I als auch II und stellt den schnellsten Weg zum Abitur dar. Das Gymnasium ermöglicht den direkten Zugang zu allen Arten von Berufsausbildung, Fachhochschul- oder Hochschulstudien.

- ➢ Orientierungsstufe zur Feststellung, ob diese Schulform zu Recht gewählt ist. (Kl. 5/6.)
- ➢ Unterstufe: Erlernen der Grundlagen in einem relativ festgelegten Fächerkanon. (Kl. 7/8)
- ➢ Mittelstufe: Fortsetzung des Grundlagenlernens; erste Wahlmöglichkeiten nach eigenen Lerninteressen; am Ende Abschluss mit der sogenannten "mittleren Reife" = Sekundarabschluss I (Fachoberschulreife). (Kl. 9/10)

Die *Realschule* ist eine theoretisch-praktisch ausgerichtete Schule und lässt den Weg zum Hochschulstudium offen:

- ➢ Kl. 5/6: Orientierungsstufe
- ➢ Kl.7/8/9/10: Hauptstufe mit dem Abschluss der "mittleren Reife"

Die *Hauptschule* ist für normal und schwächer begabte Jungen und Mädchen, die später einen qualifizierten praktischen Beruf anstreben, und ist sehr praktisch ausgerichtet, z. B. mit den Fächern Haushaltslehre, Wirtschaftslehre, Technik und der Durchführung von Betriebspraktika.

> Kl. 5/6: Orientierungsstufe
> Kl. 7–9: Hauptstufe (zum Teil Kl. 10)

Hauptstufe mit zunehmenden Differenzierungs- und Wahlmöglichkeiten von Fächern und Lerninhalten je nach Leistungsfähigkeit und Interesse der Schüler. Abschlüsse: Hauptschulabschluss nach Klasse 9, Sekundarabschluss I oder Sekundarabschluss II (Fachoberschulreife) nach Klasse 10

Die *Gesamtschule* lässt sich in Zwei Typen unterscheiden, nämlich die integrierten Gesamtschulen, die alle Bildungsgänge in einer Schule enthalten und die kooperativen Gesamtschulen, die zwar alle Bildungsgänge in einer Schule zusammenfassen, innerhalb dieser jedoch differenzieren
In der Sekundarstufe I werden die folgenden Fächer unterrichtet: die Hauptfächer Deutsch, Mathematik, Englisch, Französisch, Latein (vereinzelt Spanisch, Griechisch), die naturwissenschaftlichen Fächer Physik, Chemie, Biologie, die gesellschaftlichen Fächer Geschichte/Politik, Sozialkunde, Geographie, Polytechnik. Das Fach Religionslehre ist in den meisten Bundesländern verbindliches Lehrfach. Dazu kommen je nach Angebotsmöglichkeiten der einzelnen Schulen frei wählbare Arbeitsgemeinschaften wie Phototechnik, Chor, Orchester, Tanz, Umweltschutz und ähnliche Fächer.

Am Ende jedes einzelnen Schuljahres erhält jede Schülerin/jeder Schüler ein Ziffernzeugnis, das über seinen Leistungsstand informiert. Das Abschlusszeugnis gibt Auskunft darüber, ob das Bildungsziel der Schulform erreicht wurde und in welcher Weise die Ausbildung in der Sekundarstufe II fortgesetzt werden kann.

Sekundarstufe II

Nach Erfüllung der allgemeinen Schulpflicht erfolgt der Übergang in den Sekundarbereich II entsprechend den Abschlüssen und Berechtigungen, die am Ende des Sekundarbereichs I erlangt werden. Das Angebot umfasst allgemeinbildende und berufliche Vollzeitschulen und die Berufsausbildung im dualen System. Zum allgemeinbildenden und beruflichen Schulwesen zählen folgende Schularten in der Mehrzahl der Länder: das Gymnasium bzw. die gymnasiale Oberstufe, die Berufsschule, die Berufsfachschule, die Fachoberschule; und in einzelnen Ländern: das Berufliche Gymnasium/Fachgymnasium, die Berufsoberschule, das Berufskolleg (KMK, Das Bildungswesen 2004; Führ, 1997, S. 87–88).

Einen Berufsabschluss erwirbt der Jugendliche, nachdem er den gewählten Beruf mehrere Jahre lang in einem Ausbildungsbetrieb gelernt und zugleich eine zugeordnete Berufsschule besucht hat. Am Ende der Ausbildungszeit legt dann der Auszubildende – früher wurde er Lehrling genannt – sowohl eine berufstheoretische als auch eine berufspraktische Prüfung ab. Gelingt ihm das gut und mit einem bestimmten Notendurchschnitt, erwirbt der Absolvent zugleich auch die Fachhochschulreife. Im Studium an einer Fachhochschule kann er sich dann weiter und höher qualifizieren, um später günstigere berufliche Einstiegsmöglichkeiten zu haben.

Die Fachhochschulreife erwirbt der junge Mensch im Normalfall am Ende der Klasse 12 einer Fachoberschule oder einer Berufsfachschule. An diesen Schulen ist die Ausbildung bereits auf das später gewünschte Berufsfeld ausgerichtet, z. B. auf Berufe in Wirtschaft und Verwaltung oder im Sozial- und Gesundheitswesen oder auf technische Berufe. Sie hat also große berufspraktische Anteile. Die erworbene Fachhochschulreife berechtigt dann wie bereits erwähnt zu einem Studium an einer Fachhochschule oder in entsprechenden Studiengängen einer Gesamthochschule. Die Absolventen dieser Bildungseinrichtungen erhalten ein staatliches Diplom, wenn sie die Abschlussprüfung bestehen.

Die Allgemeine Hochschulreife (das Abitur oder auch die Matura) wird im Unterricht der Oberstufe (Klassen 11–13) eines Gymnasiums, einer Gesamtschule oder einer höheren Berufsfachschule erworben. In diesen Schulen können die Ausbildungsfächer und -kurse weitgehend von den Jugendlichen ausgewählt und mitbestimmt werden. Am Ende der Klasse 13 steht eine schriftliche und mündliche Prüfung, wobei die schriftlichen Anteile meist überwiegen. Wer das Abitur bestanden hat, ist zu einem Hochschul- oder Universitätsstudium berechtigt. Manche Studienfächer, z. B. Medizin, unterliegen einem sogenannten "Numerus clausus", d.h. die Abiturprüfung muss mit einem vorher festgelegten, oft sehr hohen Notendurchschnitt bestanden worden sein (vgl. Führ, 1997, S. 145–176; Cortina/Baumert/Leschinsky/Mayer/Trommer, S. 525–579; KMK, Das Bildungswesen 2004).

Der tertiäre Bereich

Der sogenannte tertiäre Bereich umfasst die Bereiche des Studiums an Universitäten, Wissenschaftlichen Hochschulen und Fachhochschulen sowie die Bereiche der Weiterbildung für Absolventen des Sekundarbereichs II mit Hoch-

schulzugangsberechtigung zur Verbesserung der Berufsqualifikation und die der freiwilligen Erwachsenenbildung.
In der Bundesrepublik Deutschland gibt es folgende Hochschularten: Universitäten, Technische Hochschulen/Technische Universitäten, Pädagogische Hochschulen, theologische Hochschulen Kunst- und Musikhochschulen, Fachhochschulen (KMK, Das Bildungswesen 2004; vgl. Führ, 1997, S. 88 und 192–199).

3.2.1.4 Schulpflicht und Übergänge

Schulpflicht

„Die allgemeine Schulpflicht beginnt für alle Kinder in der Regel nach der Vollendung des sechsten Lebensjahres und beträgt neun Vollzeitschuljahre (in Berlin, Brandenburg, Bremen, und Nordrhein-Westfalen zehn Vollzeitschuljahr)" (KMK, Das Bildungswesen 2004).
Nach Erfüllung der allgemeinen Schulpflicht unterliegen diejenigen Jugendlichen der Teilzeit Schulpflicht (Berufschulpflicht), die im Sekundarbereich II keine allgemeinbildende oder berufliche Schule in Vollzeitform besuchen, Diese beträgt in der Regel drei Teilzeitschuljahre, wobei sich die Teilzeitschulpflicht nach der Dauer des Ausbildungsverhältnisses in einem anerkannten Ausbildungsberuf richtet. Die Schulpflicht umfasst die regelmäßige Teilnahme am Unterricht und an den sonstigen verpflichtenden Schulveranstaltungen (ebd.; vgl. Führ, 1997, S. 85).

Übergang vom Primarbereich in den Sekundarbereich

Der Übergang von der Grundschule in eine der weiterführenden Schularten, die mindestens bis zum Ende der Vollzeitschulpflicht besucht werden müssen, ist je nach Landesrecht unterschiedlich geregelt. Grundlage für die Entscheidung bzw. Entscheidungshilfe für den weiteren Bildungsgang ist das Votum der abgebenden Schule, das in allen Fällen mit eingehender Beratung der Eltern verbunden ist. Die Entscheidung wird entweder von den Eltern oder der Schule bzw. der Schulaufsicht getroffen. Sie ist bei verschiedenen Schularten von der Erfüllung bestimmter Leistungskriterien durch die Schülerinnen und Schüler und/oder von der Kapazität der gewünschten Schule abhängig (KMK, das Bildungswesen 2004; vgl. Führ, 1997, S.108).

Übergänge in den Tertiärbereich

Voraussetzung für die Aufnahme eines Studiums ist die Hochschulzugangberechtigung, in der Regel das Abitur. Weitere Zulassungsbedingungen sind von Studiengang zu Studiengang sehr verschieden. Dieser wird von den Hochschulen festgelegt und durch Studienordnungen und Prüfungsordnungen geregelt. Die Studienabschlüsse hängen vom Studiengang ab, zu den Abschlüsse gehören der Magister, das Diplom, das Staatsexamen, der Bachelor, und der Master, der Doktor (KMK 2003, 2004).

3.2.1.5 Bildungsexpansion

„Die Bildungsexpansion stellte sich den Beteiligten zunächst als rasantes Wachstum der absoluten Schüler- und Studentenzahl, als Vervielfachung der Zahl von weiterführenden Schulen und Hochschulen und als Vergrößerung der einzelnen Institutionen dar." (Herrlitz/Hopf/Titze, 1998, S. 217). D. h. mit Bildungsexpansion wird die enorme Ausdehnung des Bildungswesens bezeichnet. Immer mehr junge Menschen besuchen weiterführende Bildungseinrichtungen, erwerben mittlere oder höhere Bildungsabschlüsse und verweilen immer länger im Bildungssystem.

Dieser Trend wird drastisch sichtbar, wenn man die heutige Verteilung auf die unterschiedlichen Bildungsbereiche und Schularten mit der Situation in den 1960er-Jahren vergleicht (vgl. Tab. 3.2, siehe Seite 57).

Herrlitz/Hopf/Titze (1998, S. 219) haben zwei Übergangsschwellen auf der Basis der Analyse der Verteilung des jeweiligen Schülerjahrgangs auf die unterschiedlichen Bildungsinstitutionen gezeigt: „Für die erste Übergangsschwellen ist der relative Schulbesuch der 13jährigen ein aussagekräftiger Indikator, weil in diesem Alter die Zuweisung auf die Schulformen der Sekundarstufe I weitgehend abgeschlossen ist". Im Jahr 1952 knapp 80% der 13jährigen die damalige Volksschule besuchten, während nur noch knapp 35% der 13jährigen 1988 die Hauptschule besuchen (Bundesdurchschnitt alte Bundesländer). Der Anteil der 13jährigen, die das Gymnasium besuchten, verdoppelte sich von knapp 15 auf 30%, und der Anteil der Realschüler vervierfachte sich von 6 auf 25%. Nimmt man den relativen Schulbesuch von Gesamtschulen hinzu (7% der 13jährigen im Jahr 1990), so besuchten 1990 ca. 62% der 13jährigen Realschulen, Gesamtschulen und Gymnasien (ebd.).
Tabelle 3.3 (siehe Seite 58) zeigt, wie sich die Bildungsexpansion das Niveau der Schulabschlüsse im allgemeinbildenden Schulwesen für den Zeitraum 1960 bis 2003 verändert hat. So ergibt sich das Gesamtbild (vgl. Bundesministerium für Bildung und Forschung: Grund- und Strukturdaten, 2005, S. 88–89; Tab. 3.2 und 3.3, siehe S. 57, 58):

1. Die Expansion „höherer" Bildung: Anstieg der Abiturientenquoten (vgl. Böttcher/Klemm/Rauschenbach, 2001, S. 333)
   Im Frühren Bundesgebiet 1960 ergab sich bei der Hochschulreife eine Quote erst von 6,1%. 1991 wurde in diesem Gebiet bei der allgemeinen

Hochschulreife eine Quote von 24,4% erreicht und bei der Fachhochschulreife von 9,1%, insgesamt also eine Quote bei der Hochschulreife schon 33,5%.

Während 1992 25,8% eines Altersjahrgangs die Allgemeine Hochschulreife erwarben, erlangten in Deutschland 2003 27,3% eines Altersjahrgangs die allgemeine Studienberechtigung. Dazu kamen 1992 noch weitere 9,1% eines Jahrgangs und 2003 12,2% eines Jahrgangs, die die Fachhochschulreife erhielten. D. h. die Hochschulberechtigtenquote für Deutschland stieg von 34,9 auf 39,5.

2. Der Anteil der Jugendlichen mit Realschulabschluss im Gebiet der ehemaligen Bundesrepublik, der in den sechziger Jahren noch bei 15,1% gelegen hatte, stieg bis 1991 auf 44,0%, ebenso der Anteil der Jugendlichen mit Realabschluss in Deutschland von 43,5% (1992) auf 48,5 (2003).

3. Im Gegensatz dazu waren Hauptschulen die großen Verlierer der neuen Bildungsorientierung. Dieser Trend wurde ab 1992 nicht weiter fortgesetzt(vgl. Böttcher/Klemm/Rauschenbach, 2001, S. 104). So sank der Anteil der Jugendlichen mit Hauptschulabschluss von 53,4% (1960) auf 32,0% (1991) im früheren Bundesgebiet, und in Deutschland 1992 war die Quote bei dem Hauptschulabschluss 26,1%, im Jahr 2003 – kaum verändert – noch 25,2%.

Tab. 3.2: Schüler an allgemein bildenden Schulen nach Bildungsbereichen und Schularten in Tausend

	Früheres Bundesgebiet				Deutschland			
	1960	1970	1980	1990	1991	1995	2000	2003
1.Vorklassen	-	-	13,0	33,7	37,4	39,5	26,4	19,3
2.Schulkindergärten	6,0	31,8	49,1	36,3	39,4	43,9	37,9	34,7
3.Grundschule	3096,9	3977,3	2772,8	2534,6	3386,3	3634,3	3352,9	3146,9
4.Integrierte Gesamtschule	-	-	2,3	7,4	31,0	27,0	18,4	16,4
5.Freie Waldorfschule	-	-	10,9	19,3	20,7	22,8	23,4	24,0
6.Schulartunabhängige Orientierungsstufen	-	-	337,9	218,3	369,8	374,7	404,2	287,1
7.Hauptschulen	2112,4	2370,2	1933,7	1054,2	1076,4	1123,5	1103,9	1092,5
8.Realschulen	430,7	885,8	1351,1	864,5	1039,1	1175,2	1263,4	1296,7
9.Integrierte Gesamtschule	-	-	174,1	217,5	329,0	434,9	471,8	461,7
10.Freie Waldorfschulen	-	-	14,8	23,6	25,0	30,8	34,5	36,7
11.Abendhauptschulen	-	-	-	0,8	1,0	1,0	1,2	1,3
12.Abendrealschulen	1,9	8,8	8,9	10,8	15,3	12,2	15,3	19,2
13.Gymnasien (Klassenstufe 5 bis10)	641,7	1062,1	1495,5	1053,0	1315,2	1546,1	1605,2	1642,7
14.Gymnasien (Klassenstufe 11 bis 13	211,7	303,7	623,5	196,7	549,1	618,5	651,6	673,6
15.Integrierte Gesamtschulen	-	-	14,1	21,1	22,8	46,7	59,4	66,8
16.Freie Waldorfschulen	-	-	4,0	7,5	7,8	9,4	12,0	13,1
17.Abendgymnasien/Kollegs	6,9	16,3	26,3	30,2	39,6	31,2	30,5	36,2
18.Sonderschulen	142,9	322	354,3	251,9	344	391,1	420,4	429,3
Insgesamt	6672,5	8978,1	9186,4	6681,5	9142,6	9931,1	9960,4	9227,0

Anmerkungen: Vorschulbereich:1, 2; Primarbereich (Klassenstufe 1 bis 4): 3,4,5; Sekundarbereich I (Klassenstufe 5 bis 10):6 bis13; Sekundarbereich II (Klassenstufe 11 bis 13): 14 bis17. Quelle: Bundesministerium für Bildung und Forschung: Grund- und Strukturdaten 2005/2, S. 54,55

Tab. 3.3: Schulabgänger nach Art des Abschlusses in Prozent der gleichaltrigen Bevölkerung

Jahr	Hauptschule ohne Abschluss	Hauptschulabschluss	Realschulabschluss	Hochschulreife
1960/61	17,2	53,4	15,1	6,1
1970/71	17,3	43,0	24,9	11,3
1980/81	10,2	36,6	39,2	21,7
1990/91	8,6	32,0	44,0	33,5
1992/93	8,6	26,1	43,5	34,9
2000/01	9,6	25,5	48,5	36,3
2002/03	9,0	25,2	48,5	39,5

Anmerkungen: Für früheres Bundesgebiet 1960/61 bis 1990/91, für Deutschland 1992/93 bis 2002/03
Quelle: Bundesministerium für Bildung und Forschung: Grund- und Strukturdaten 2005/2, S. 88–89

3.2.2 Bildungswesen in der VR China

3.2.2.1 Wichtige Ereignisse in der Bildungsgeschichte

Die wichtigen Ereignisse in der Bildungsgeschichte werden in der Tabelle 3.4 dargestellt.

Tab. 3.4: Überblick der wichtigen Ereignisse in der Chinesischen Bildungsgeschichte

Datum	Ereignisse
1949	Gründung der VR China
08.1951	Festsetzung der fünfjährigen Grundschulen und sechsjährigen Mittelschulen
1966–1976	Das Chaos der Kulturrevolution
1976–1986	Wirtschafts- und Bildungsreform und Öffnung nach außen
21.05.1985	Beschluss über die Reform des Bildungswesens
21.04.1986	Zustimmung des Gesetzes über Pflichtschulbildung
1986	Entwurf der Lehrplan für die ganztägige Primar- und Sekundarschule in der Schulpflichtbildung(Erstfassung)
1988	Erlassen der Grundriss der chinesischen Bildungsreform und Bildungsentwicklung
13.02.1993	Drucken und Verteilen des Überblicks über die Bildungsreform und Bildungsentwicklung
18.03.1995	Zustimmung des Bildungsrechts Chinas
15.05.1996	Zustimmung des Beruflichen Bildungsrechts in der VR China
29.08.1997	Zustimmung des Hochschulbildungsrechts in VR China
1999	Förderungsplanung des Bildungsaufschwungs für das 21 Jahrhundert in VR China
03.01.2000	Notmitteilung von dem Erziehungsministerium über die Milderung der übermäßigen Belastung der Schüler in der Primarschule

Quelle: Eigene Zusammenstellung nach verschiedenen chinesischen Quellen.

3.2.2.2 Curriculumreform seit 1979

Die moderne Curriculumreform der vergangenen zwanzig Jahre kann in die folgenden drei Phasen gegliedert werden (vgl. Ein Überblick über die Entwicklung der Curriculumstandards und Curriculumplans in der Grundbildung Chinas, Online; Franke, S. 9–30):

Phase 1 (1979 bis Mitte der achtziger Jahre)

Nach dem Chaos der Kulturrevolution wurde die Ordnung im Schulwesen wieder hergestellt. Im Jahre 1977 wurde ein Curriculum für die zehnjährige Schule (5 Jahre Primarschulbildung plus 5 Jahre Sekundarschulbildung) entworfen und im Jahre 1981 wurde ein Lehrplan für die zwölfjährigen Schulen erlassen (6 Jahre Primarschulbildung plus 6 Jahre Sekundarschulbildung), in dem „außercurriculare Aktivitäten" und „arbeitstechnische Unterrichten" eingerichtet wurden. Nach den Experimenten ab 1984 im ganzen Land wurden insgesamt zwei Arten von Lehrmaterialien benutzt.

Phase 2 – eine Aufschwung in der Curriculumreform (Mitte der achtziger bis Mitte der neunziger Jahre)

In dieser Phase waren die folgenden Themen der Curriculumreform von zentraler Bedeutung:

1. Es sollte Curricula vielfältiger Art geben.
2. Die Curricula sollten vorteilhaft für eine allseitige Entwicklung der Schüler sein.
3. Die Wissensbereiche der Schüler sollten erweitert werden; die Inhalte der Curricula sollen modernisiert und gleichzeitig in ihnen die Mannigfaltigkeit unserer nationalen Kultur verkörpert sein.

Von der staatlichen Bildungskommission wurde 1988 ein Curriculum für die neunjährige allgemeinbildende Schulpflicht (Ersterfassung) erlassen. Eine neue Fächerstruktur entstand: theoretische Fächer und praktische Fächer, Wahlfächer und Pflichtfächer wurden miteinander kombiniert.
Ein Komitee für die Approbation von Schulbüchern wurde in dem gleichen Jahr von der staatlichen Bildungskommission eingesetzt, daher wurde die Politik der Lehrmittelerstellung in „ein Curriculum und viele Bände" umgesetzt, wodurch die seinerzeit staatliche zentralistische Verwaltungsform verändert wurde. In Anpassung an die Ausweitung der Curriculumreform wurde auf der Basis einheitlicher elementarer Anforderungen die Vielfalt von Lehrmaterialien gefördert. Es gibt unterdessen sowohl das von der staatlichen Bildungskommission genehmigte Basismaterial – es wurde nach den Experimenten ab 1993 im ganzen Land benutzt – für das „6 plus 3" und für das „5 plus 4"-jährige Primarschulsystem plus Sekundarschulsystem, wie auch auf die verschiedenen Fächer bezogene experimentelle Lehrmaterialien.

Phase 3 – eine Vertiefung des Curriculums (Mitte der neunziger Jahre bis heute)

Auf der Grundlage der Untersuchungen zur Curriculumplanung von 1993 wurden unter der Leitung der staatlichen Bildungskommission Leitprinzipien für die Curriculumreform der chinesischen allgemeinen Schulpflichtbildung festgelegt sowie Standards für jedes Fachcurriculum erfasst und veröffentlicht. Ein Curriculumsystem der Schulpflichtbildung für das 21 Jahrhundert wurde konzipiert (vgl. Franke, S. 9–30; Ein Überblick über die Entwicklung der Curriculumstandards und Curriculumplans in der Grundbildung Chinas, Online).

3.2.2.3 Bildungsverwaltung

Der Staatsrat ist das höchste Organ der chinesischen Staatsverwaltung. Unterstellt sind verschiedene Kommissionen und Ministerien. Die Zentralebene der Bildungsverwaltung bildet das Erziehungsministerium. Auf der darunter liegenden Ebene ist für jede der 23 Provinzen, 4 regierungsunmittelbaren Städte und 5 autonomen Regionen eine Behörde für Erziehung und Hochschulerziehung eingerichtet. Diesen Behörden obliegt die Umsetzung der für das ganze Land geltenden bildungspolitischen Entscheidungen, die Verwaltung von Universitäten, Hochschulen, technischen Schulen, Grund- und Mittelschulen, Erwachsenen- und Nationalitätenbildung, Fernstudium und Hochschulzulassung, Planung, Finanz- und Personalverwaltung. Auf diese Verwaltungsebene gehören auch die Erziehungsbüros in anderen Ministerien. Diese sind für die Planung, Finanz- und Personalverwaltung der Hochschulen zuständig, die den anderen Ministerien unterstehen. Auf der Bezirksebene sind Erziehungsabteilungen eingerichtet. Sie sind für die Planung, Verwaltung (insbesondere der Finanzen und die Personals) der Bildungseinrichtungen zuständig, die von der Bezirksverwaltung unterhalten werden. Solche Einrichtungen können sein: Fachhochschulen, technische Schulen, pädagogische Mittelschulen, usw. Es folgen die Erziehungsabteilungen auf Kreis- und Ortschaftsebene. Zu ihren Aufgaben gehören in der wesentlichen Planung, Finanzverwaltung, Unterrichts- und Personalaufsicht von Bildungseinrichtungen. Diese Einrichtungen werden vom Kreis getragen. Auf Gemeindeebene sind Erziehungseinheiten eingerichtet. Sie verwalten die Schulen, die durch die Gemeinde getragen werden (vgl. Bildungsrecht Chinas vom 18.03.1995; vgl. Straka, 1983, S. 24; vgl. Henze, 1989, S. 56–61).

3.2.2.4 Die gegenwärtige Grundstruktur des Bildungssystems

Als das bevölkerungsreichste Land der Welt bemüht sich China derzeit um das umfangreichste Bildungswesen der Welt. Das Bildungswesen in China gliedert sich in Vorschul-, Grundschul-, Mittelschul- und Hochschulbildung (siehe Abb. 3.3 S. 65).

Vorschulbildung

In China findet die Vorschulbildung in Kindergärten und Vorschulklassen statt. Es gibt landesweit ca. 117 000 Kindergärten (Das chinesische Erziehungsministerium: Statistikkommunique der Entwicklung des chinesischen Bildungswesens 2004). Die Kindergärten sind entweder öffentlich oder privat. Die Kinder werden in China im Alter von 3 bis 6 Jahren von Kindergärten aufgenommen, es ist auch möglich, jüngere Kinder aufzunehmen. Die Kinder werden im Bereich Sinneswahrnehmung, Sprache, Zahlen und Lebensgewohnheiten erzogen, d. h. in den Kindergärten werden die Kinder in ihrer körperlichen, geistigen, moralischen und ästhetischen Entwicklung allseitig gefördert (vgl. Henze, 1989, S. 67–68; vgl. Straka, 1983, S. 40–44; vgl. Vorschulerziehung in China, Online a und b).
Die Elternbeträge in den öffentlichen Kindergärten sind niedrig. Im Gegensatz dazu sind die privaten Kindergärten zwar teuer, haben aber Besonderheiten.

Grundschul-, Mittel-, Oberschulbildung

Die Schulbildung beginnt mit **5–7** Jahren. Die Grundschul- und Mittelschulbildung dauert insgesamt 12 Jahre, davon entfallen zum großen Teil 6 Jahre auf die Grundschulbildung und je drei Jahre auf die Mittelschul- und Oberschulbildung. Der Besuch der Grundschule und Mittelschule ist Pflicht. Zum Unterricht in der Grundschule gehören Chinesisch, Mathematik, Naturwissenschaft, Fremdsprache, Moral, Musik und Sport. In der Grundschul- und Mittelschulbildung wird auch die Erziehung in Handarbeit und technischer Arbeit gepflegt, sie soll der Förderung einer allseitigen Entwicklung der Jugendlichen dienen (vgl. Henze, 1989, S. 68–72; vgl. Straka, 1983, S. 45–57; vgl. Wang/Gu, 1999, S. 98, 104–105). Die Einschulungsrate der Grundschulerziehung hat mehr als 98% erreicht, die Zahl der Schulabbrecher sank von 1,85% im Jahr 1994 auf 0,59% im Jahr 2004 (MOE: 1994 und 2004).

Der Unterricht der Mittelschulbildung beinhaltet Chinesisch, Mathematik, Fremdsprache, Physik, Chemie, Moral. Das Angebot der Fremdsprachenfächer umfasst in den meisten Schulen Englisch, Japanisch und Russisch, Informationswissenschaft usw.

Die Einschulungsrate der Mittelschulerziehung ist von 73,8% im Jahr 1994 auf 94,1% im Jahr 2004 gestiegen. Die Zahl der Schulabbrecher sank von 5,1% im Jahr 1994 auf 2,49% im Jahr 2004 (MOE: 1994 und 2004).

Die Oberstufe besteht aus Oberschule, Fachoberschule, Berufsfachschule, usw. Dabei besteht keine Schulpflicht, und man muss Schulgeld bezahlen. Je nach wirtschaftlichen Verhältnissen in den verschiedenen Landeteilen wird die Geldsumme bestimmt. Der Unterricht beinhaltet in der Oberschule Chinesisch, Mathematik, Fremdsprache, Physik, Chemie, Biologie und Informationstechnik. In letzter Zeit bemüht sich die chinesische Bildungsbehörde darum, die Oberschulbildung weiter zu entwickeln, um den Willen der Jugendlichen, sich bilden zu lassen, zu erfüllen (vgl. Henze, 1989, S. 74–79; vgl. Straka, 1983, S. 58–71; vgl. die Oberschulbildung in China, Online). Die Einschulungsrate liegt bei 48,1% (MOE: 1994 und 2004).

Hochschulbildung

Ein universitärer Abschluss erfolgt üblicherweise nach 15–18 Schul- und Studienjahren im Alter von 21–24 Jahren. Die Hochschulbildung in China gliedert sich in 4 Kategorien, und zwar Fachstudium, Diplomstudium, Magisterstudium und Doktorstudium. Zu den Anstalten gehören Hochschulen und Universitäten, Fachhochschulen, Hochschulen für Rundfunk und Fernsehen sowie Erwachsenenhochschulen. Nur die Abiturienten, die bei der Zulassungsprüfung der öffentlichen Universitäten und Hochschulen durchfallen, oder die Berufstätigen, die sich weiter ausbilden lassen, entscheiden sich für die privaten Hochschulen, Hochschulen für Rundfunk und Fernsehen oder Hochschulen für Erwachsene (vgl. Wang/Gu, 1999, S. 105–106; vgl. Straka, 1983, S. 72–77; Henze, 1989, S. 79–81; vgl. die Hochschulbildung in China, Online).

Abb. 3.3: Bildungssystem Deutschlands und Chinas (nach Zhang, 2001, S. 45)

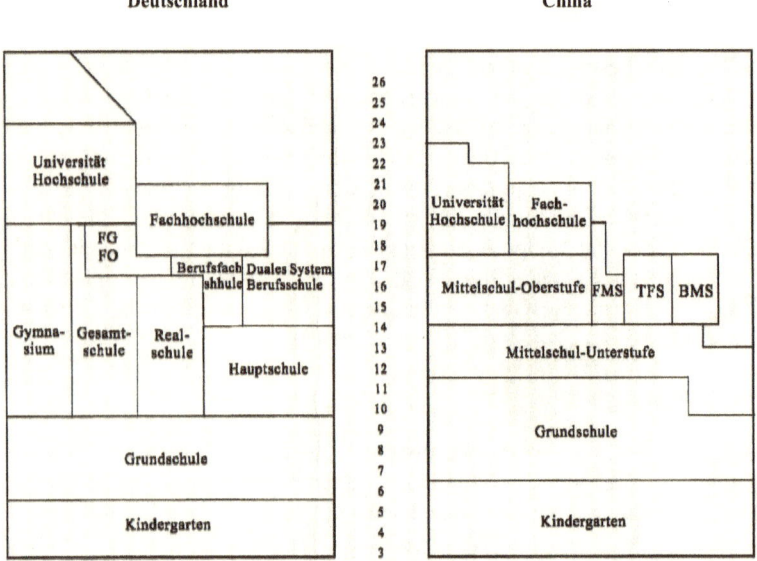

Anmerkung: FG(Fachgymnasium); FO(Fachoberschule); FMS(Fachmittelschule); TFS(Technische Facharbeiter)

3.2.2.5 Entwicklung des Bildungswesens in China

China existiert als bevölkerungsreichstes Land der Welt. Nach der Gründung der Volksrepublik wurde die Erhöhung des Bildungsstands und der kulturellen Qualifikation des Volks als das Fundament für die Entwicklung des Landes betrachtet. Bildung gilt als ein Schwerpunkt der wirtschaftlich-gesellschaftlichen Entwicklung Chinas. Die Regierung reformierte das Bildungssystem nach umfassender Planung mit den folgenden Erfolgen:

- Die Zahl der Schüler und Studenten nahm sprunghaft zu (vgl. Tab. 3.5, siehe S. 67)
- Vor 1949 waren 80% der Bevölkerung Analphabeten, in dem gegenwärtigen Zustand sank dieser Anteil unter den Jugendlichen und Mittelaltrigen auf unter 5%.
- Die Einschulungsrate der schulpflichtigen Kinder erreicht fast 99%, die Zahl der Schulabbrecher nimmt ab.

> Die Popularisierungsrate der Schulpflicht in China ist von weniger als 80% vor mehr als 10 Jahren auf 93,6% im Jahr 2004 gestiegen (vgl. MOE 2004, Beijing 2005).

Das Bildungswesen in China, das sich in Vorschul-, Grundschul-, Mittelschul-, Oberschul- und Hochschulbildung gliedert, ist derzeit umfangreich (vgl. Wang/Gu, 1999, S. 58–59. Die staatlich finanzierte Bildung spielt in China die wichtigste Rolle. Von der Grundschule bis zur Mittelschule wurde die neunjährige Schulpflicht eingeführt. Die chinesische Regierung legt großen Wert auf die Entwicklung der Schulpflicht. Für den Besuch der Pflichtschule wird kein Schulgeld erhoben. Es sind nur Gebühren für Lehrbücher und Nebenkosten zu bezahlen.

3.2.2.6 Schulpflicht und Übergänge in China

Im Jahr 1986 wurde das Gesetz über die allgemeine Schulpflicht der Volksrepublik China veröffentlicht. Die neunjährige Schulpflicht wird in China von der Grundschule bis zur unteren Stufe der Mittelschule durchgeführt und sie ist schulgeldfrei. Für die kommenden Jahre wird die chinesische Regierung die Schulpflicht und die Hochschulbildung auf dem Lande schwerpunktmäßig entwickeln. Damit sollen alle Kinder zur Schule gehen und erstklassige Universitäten der Welt in China errichtet werden.
Bis Ende 2004 haben bereits 2774 Kreise, Städte und Bezirke die neunjährige Schulpflicht im Wesentlichen durchgesetzt. Sie erfassen damit ca. 93,6% der ganzen Bevölkerung (MOE 2004, Beijing 2005).

Übergang von der Grundschule in die Unterstufe der Sekundarschule

Am Ende der sechsten Grundschulklasse muss eine Prüfung abgelegt werden. Die Leistungen werden nur in den Fächern Chinesische Sprache und Mathematik bewertet. Die anderen Fächer können zwar auch berücksichtigt werden, die Bewertung findet aber nicht im Zeitraum der Prüfungen statt und die Leistungen spielen keine wichtige Rolle für den Übergang.

Tab. 3.5: Entwicklung der quantitativen Verhältnisse an den Schulen und Hochschulen

Jahr	Zahl der Hochschulen	Zahl der Studenten (in Mill.)	Zahl der Mittel- und Oberschulen	Zahl der Schüler (in Mill.)	Zahl der Grundschulen	Zahl der Schüler von Grundschulen (in Mill.)
1949	205	0,117	5216	1,268	346 769	24,391
1978	598	0,856	165 105	66,372	949 323	146,24
1985	1016	1,703	104 848	50,926	832 309	133,70
1990	1075	2,063	100 777	51,054	766 072	122,41
1995	1054	2,906	95 216	61,915	668 685	131,95
1999	1071	4,134	95 255	80,027	582 291	135,48

Quelle: vgl. National Bureau of statistics of China, basic statistics for education; Das chinesische Erziehungsministerium: Statistikkommunique der Entwicklung des chinesischen Bildungswesens 1978, Beijing 1979

Oberschulaufnahmeprüfung

Die Schüler in China können erst nach einer Abschlussprüfung von der Mittelschule in die Oberschule übergehen: diese Prüfung nennt sich Oberschulaufnahmeprüfung. Nur weniger als 60% der Schüler können in die höhere Schulstufe versetzt werden, diese Rate liegt unter der bei der Hochschulaufnahmeprüfung, d. h. die Oberschulaufnahmeprüfung wird als eine der schwersten Prüfungen in China betrachtet.

Die Aufnahmeprüfungen werden regional durchgeführt. Man muss die Prüfungen in Chinesisch, Fremdsprache (meistens Englisch), Mathematik, Physik, Chemie und Politik ablegen. Im Juni findet die Prüfung statt. Die Schüler werden je nach ihrem Wusch und den Zensuren bei der Aufnahmeprüfung in die verschiedenen Oberschulen aufgenommen.

Die Aufgaben für die Prüfung werden von den Bildungsbehörden in den verschiedenen Regionen ausgearbeitet und eine Notengrenze für die Zulassung wird festgelegt.

Eine gute Zensur bei der Oberschulaufnahmeprüfung ist für den weiteren Lernerfolg in der Oberschule wichtig, daran schließt sich das Hochschulstudium an. Diejenigen, die das Hochschulstudium absolviert haben, haben bessere Beschäftigungschancen.

Wer bei der Oberschulaufnahmeprüfung durchfällt, wird er bei der Bewerbung um eine bessere Berufsstelle Probleme haben. Deshalb wird die Oberschulaufnahmeprüfung als schicksalhafte Prüfung bezeichnet (vgl. Oberschulaufnahmeprüfung, Online).

Den Absolventen der allgemeinbildenden Mittelschulen unterer Stufe (Untere Mittelschule) stehen je nach Wohnort sehr unterschiedliche weiterführende Schulen offen. Insgesamt zeichnen sich hier für städtische Regionen vier Optionen ab (vgl. Henze, 1989, S. 53; vgl. Wang/Gu, 1999, S. 104–105):

- ➢ die allgemeinbildenden oberen Mittelschulen (Klasse 10–12)
- ➢ die beruflichen Mittelschulen
- ➢ die Fachmittelschulen
- ➢ die Facharbeiterschulen und das „Anlernverhältnis"

Hochschulaufnahmeprüfung

Man muss eine einheitliche Aufnahmeprüfung für das Studium an den Hochschulen bestehen. Die Zulassungsprüfung der chinesischen Universitäten und Hochschulen heißt Hochschulaufnahmeprüfung. Je nach eigenem Wunsch und Noten werden die Abiturienten in verschiedene Hochschulen und Universitäten aufgenommen. Die Prüfungsaufgaben werden vom chinesischen Erziehungsministerium (vgl. Franke, S. 9, Ehemals Bildungskommission) oder von den Bildungsbehörden der verschiedenen Provinzen erstellt. Dabei wird auch eine Notengrenze für die Zulassung festgelegt Die Prüfung findet jedes Jahr im Juni statt und dauert 2 bis 3 Tage. Seit langem sorgt die Hochschulaufnahmeprüfung landesweit für große Aufmerksamkeit, und die Hochschulaufnahmeprüfung steht jedes Jahr im Mittelpunkt des öffentlichen Interesses (vgl. Henze, 1991, S. 240–241; Hochschulaufnahmeprüfung, Online).

3.2.3 Zusammenfassung

Nach Helmke und Weinert (1997) können die Kontextbedingungen (schulexterne Faktoren), wie die historische, kulturelle, gesellschaftlichen, politische und wirtschaftlichen Rahmenbedingungen, Bildungssystem, Bildungsexpansionen, usw., Schulleistungen beeinflussen (vgl. Teil 2.5) und diese kulturellen Kontexte können sich Zeitnutzung von Jugendlichen in Deutschland und China erheblich unterscheiden. Daher wird vor allem in den obigen Teile zunächst ein Vergleich der allgemeinen kulturellen Dimensionen wie Geschichte, Geographie, Bevölkerung, Staatsformen, usw. zwischen beiden Ländern dargestellt, anschließend wird das Bildungswesen beider Kulturen beschrieben.
Deutschland und China unterscheiden sich hinsichtlich der allgemeinen kulturellen Dimensionen – Geschichte, Geographie, Bevölkerung, Staatsformen, Politik, sowie Philosophie, Religion und Gesellschaftssystem (vgl. Teil 3.1).

- ➢ Deutschland gehört zu den international führenden Industrieländern, steht mit seiner wirtschaftlichen Gesamtleistung weltweit an dritter Stelle.

- China ist ein riesiges bevölkerungsreiches Land mit 1,31 Milliarden Einwohnern und ein Entwicklungsland, traditionell ein landwirtschaftlicher Staat.
- In der Bundesrepublik Deutschland ist der Föderalismus durch das Grundgesetz geregelt, die Bundesländer sind keine Provinzen, sondern Staaten mit eigener Staatsgewalt. während in China der Zentralismus herrscht, d. h. die Willensbildung geht von oben nach unten. Die BRD existiert eine Parlamentsdemokratie mit freien Wahlen, in China ist das Einparteisystem.
- In Deutschland gibt es eine sehr differenzierte soziale Schichtungsstruktur. Kirchen, Vereine und Verbänden fördern die Entstehung und Aufrechterhaltung der Gesellschaftsordnung. Die Familie spielt in China eine wichtige und zentrale Rolle.
- In Deutschland wird der individuellen Wertorientierung eine Priorität eingeräumt. In China dominiert die kollektive Orientierung.

Zusammenfassend lässt sich sagen, dass die Bildungssysteme beider Länder Gemeinsamkeiten und Unterschiede aufweisen und die jeweiligen Bildungssysteme unterschiedliche Einflüsse auf Jugendliche und ihr Alltagsleben ausüben.

Als Gemeinsamkeit kann eine starke Bildungsorientierung in beiden Ländern gelten. In Hinblick auf Unterschiede lassen sich folgende Punkte nennen:

- In Deutschland beginnt im Alter von 6 Jahren eine mindestens 9 Schuljahre dauernde Vollzeitschulpflicht (in Berlin, Nordrhein Westfalen, Bremen und Brandenburg besteht eine 10jährige Vollzeitschulpflicht). Wer in Deutschland das Abitur ablegen will, hält sich mindestens 13 Jahre (erst seit kurzem 12 Jahre, z. B. in den Ländern Sachen, Thüringen, Mecklenburg-Vorpommern und Sachsen-Anhalt) in allgemeinbildenden Schulen auf (vgl. Goodson, S. 212; KMK, 2003, S. 54). In China wird die neunjährige Schulpflicht von der Grundschule bis zur unteren Stufe der Mittelschule durchgeführt. Die Verweildauer in den allgemeinbildenden Schulen vor der Hochschulaufnahmeprüfung ist mindestens 12 Jahre.
- Die deutschen Schüler haben bereits in der vierten Klasse den ersten Ausleseprozess zu bestehen, im Gegensatz dazu betrifft dies die chinesischen Schüler erst in der sechsten Klasse.
- Die Auslese in China finden nicht nur auf der Klassenebene, sondern auch auf höherer Ebene und durch sehr strenge Prüfungen statt, während die Auslese von der Primarstufe zur Sekundarstufe in Deutschland auf der Zensierung durch Grundschullehrer basiert. Es wird vermutet, dass bei den chinesischen Jugendlichen die außerschulische Lernzeit eine wesentlich größere Rolle als bei den deutschen Jugendlichen spielt.

Nach Helmke und Weinert (1997) können die schulinternen Faktoren, Klassenfaktoren und Quantität, Qualität vom Unterricht Schulleistung auch beeinflussen (vgl. Teil 2.5). Im Folgenden wird das Alltagsleben von Jugendlichen unter Kategorien der Zeitstrukturen (siehe Teil 2.4) ausführlich dargestellt.

3.3 Alltagsleben von Jugendlichen in beiden Ländern

In diesem Teil wird dargestellt, wie das Alltagsleben von Jugendlichen in beiden Ländern aussieht. Dazu werden als die wichtigsten Themenfelder Schule und Freizeit betrachtet. Auf der Basis der jeweiligen amtlichen Quellen wird eine allgemeine Beschreibung von Unterrichtszeit, Zeit in der Schule, schulbezogener Zeit und außerschulischer Freizeit vorgenommen. Dabei werden in den beiden Ländern schulzeitrelevante Feiertage sowie die Dauer der Unterrichtswochen, Studententafeln, Unterrichtszeit, Pausen, Hausaufgaben und Freizeit erfasst und dargestellt. Außerdem wird die Erwartung der Eltern an die Zukunft skizziert. Zum Schluss werden einige Hypothesen formuliert.

3.3.1 Allgemeine Aspekte der Zeitgestaltung im Schulwesen

Die größte Aufmerksamkeit gilt dem Bereich Schule. „Schule ist als gesellschaftliche Institution mit der Sozialisation Jugendlicher beauftragt. Kaum eine andere Einrichtung bestimmt so weitgehend Struktur und Inhalte der Lebenslage bei Jugendlichen wie die Schule." (Hurrelmann, 2002, S. 53)

3.3.1.1 Schuljahr und Unterrichtsjahr in Deutschland

Das Bildungswesen in der Bundesrepublik Deutschland ist gekennzeichnet durch die Schulhoheit der Bundesländer. Verschiedene Abkommen zwischen den einzelnen Bundesländern – insbesondere durch die Ständige Konferenz der Kultusminister der Länder – führten zu gewissen Vereinheitlichungen im Schulwesen, zu Regelungen über die gegenseitige Anerkennung der Schulabschlüsse und die gemeinsame Festlegung der Ferientermine (vgl. Kapitel 3.2.1.1). Aufgrund der Schulhoheit der einzelnen Bundesländer sind die Zielsetzungen von Schulen, bestimmte Strukturen im Aufbau des Schulwesens, die Inhalte der Lehrpläne, die Studentafeln für die jeweiligen Schulformen sowie die – für die Frage der Zeit für Schule relevanten – Regelungen für Pausen, Hausaufgaben etc. unterschiedlich. Die von den Kultusministerien der Länder für die verschiedenen Schularten festgelegte wöchentliche Unterrichtszeit kann auf fünf oder sechs Tage verteilt werden. In den Ländern mit einer 6-Tage-Woche entfällt der Unterricht in der Regel an zwei Samstagen im Monat. In der Mehrzahl der Länder wurde durch das jeweilige Kultusministerium in allen Schulen generell die 5-Tage-Woche eingeführt, in einigen Ländern gibt es sowohl die 5-Tage-Woche wie auch die 6-Tage-Woche, die zudem – wie in Hessen – unterschiedlich geregelt ist. So gibt es in Hessen Schulen, an denen der erste Samstag im Monat grundsätzlich frei ist, und andere Schulen mit weiteren – von den jeweilig zuständigen Staatlichen Schulämtern festgelegten – freien Samstagen (vgl. Döbrich/Huck/Schmidt,1990, S. 11–12).

Ferien und Feiertage

Das Schuljahr beginnt nach dem Abkommen der Länder zur Vereinheitlichung auf dem Gebiet des Schulwesens (Hamburger Abkommen von 1964 als Grundlage) am 1. August und endet am 31. Juli des folgenden Kalenderjahres. Die Sommerferien sollen in der Zeit zwischen dem 1. Juli und dem 10. September liegen. Sie werden regional gestaffelt. Über die Festsetzung der Sommerferientermine in den einzelnen Ländern trifft die KMK für jedes Jahr eine Vereinbarung. Die Ferien werden in erster Linie nach pädagogischen Gesichtspunkten festgesetzt. Ihre Gesamtdauer während eines Schuljahres beträgt 75 Werktage. Weitere zusammenhängende Ferienabschnitte liegen zur Oster- und Weihnachtszeit. Die Unterrichtsverwaltung kann einen kürzeren Ferienabschnitt zu Pfingsten und im Herbst festsetzen, sowie einzelne bewegliche Ferientage zur Berücksichtigung besonderer örtlicher Verhältnisse zulassen (vgl. KMK, Das Bildungswesen 2004; vgl. Döbrich/Huck/Schmidt, 1990, S. 11–13).

Die folgenden Feiertage (in allen Ländern der Bundesrepublik Deutschland, siehe Tab. 3.6) und zusätzliche Feiertage (in einzelnen Bundesländern) sind für die Gesamtzahl der Unterrichtstage sehr relevant.

Tab. 3.6: Feiertage in Deutschland

Feiertage in allen Ländern der Bundesrepublik Deutschland	Zusätzliche Feiertage in einzelnen Bundesländern	
1.1. Neujahr Karfreitag	6.1. Heilige Drei Könige	B; BW
Ostersonntag Ostermontag	Fronleichnam	B; BW; H; NW; RP; S
1.5. Tag der Arbeit Christi Himmelfahrt	15.8. Mariä Aufnahme	B; S
Pfingstsonntag Pfingstmontag 3.10. Tag der dt. Einheit Buß- und Bettag 1. und 2. Weihnachtsfeiertag	1.11. Allerheiligen	B; BW; NW; S

Anmerkung: B: Bayern, BW: Baden-Württemberg, H: Hessen,
NW: Nordrhein-Westfalen, RF: Rheinland-Pfalz, S: Saarland
Quelle: vgl. Döbrich/Huck/Schmidt,1990, S. 14

Für die Untersuchung der Unterrichtsjahreslängen wurden die benachbarten Schuljahre 1987/88, 1988/89 und 1989/90 ausgewählt und ausgezählt (Döbrich/Huck/Schmidt, S.56–59). Die Ergebnisse lauten: die durchschnittliche Anzahl der Unterrichtstage in Bayern beträgt ca. 188 Unterrichtstage in Schulen mit 5-Tage-Woche und ca. 211 Unterrichtstage in Schulen mit 5 1/2-Tage-Woche, in Hamburg ca. 195 Unterrichtstage, davon ein Tag mit nur drei Std. Unterricht (der letzte Tag vor den Sommerferien). In Hessen liegt der durchschnittliche Umfang eines Schuljahres bei Schulen mit 5-Tage-Woche bei 189,3 Tagen Unterricht, davon 6 Tage mit maximal 3 Stunden Unterricht, in den Schulen mit 5 1/2-Tage-Woche aus dem Aufsichtsbereich des staatlichen Schulamts Frankfurt/Main beträgt der durchschnitt 206,3 Tage Unterricht, davon 6 Tage mit verkürztem Unterricht.

3.3.1.2 Schuljahr in China

Das Schuljahr geht offiziell vom 1. September bis zum 31. August und verringert sich um Sam- und Sonntage, Staatsfeste und die Ferien.

Ferien und Feiertage

In jedem Jahr wird die Zeit der Ferien durch das Ministerium der Provinz mit bestimmten Vorschriften festgelegt. Die chinesischen Schüler haben zweimal im Jahr Ferien, nämlich Sommerferien und Winterferien. Aus klimatischen, pädagogischen und schulorganisatorischen Gründen wurden die Gesamtrahmen für die Sommerferien auf den Zeitraum von ca. 15.07 bis 31.08, für die

Winterferien von ca.15.01 bis 31.02 begrenzt. Nach dem Arbeitsgesetz von 05.07.1994 gibt es folgende staatliche Feiertage: Tag der Arbeit (01.05–07.05); Staatsfeiertag (01.10–07.10); Neujahr (01.01–02.01); Frühlingsfest (ca. in Februar, es liegt in den Ferien der Schüler); weitere Feiertage sind das Laternenfest (mindestens halbtags frei für Schüler), das Mondfest (mindestens halbtags frei für Schüler), Silvesterabend (er gehört zu der Winterferien), „Helles Licht", duan wu, chong yang, (es kann in diesen drei Tage für Schüler nicht frei sein). Nach den geltenden Vorschriften sollen keine Kirchenfeste in den Schulen stattfinden.

Das Schuljahr in China (allgemeine Situation) wird in der Tabelle 3.7 dargestellt, das nach dem „Curriculumplan von 1992 der ganztägigen Grund- und Mittelschule der Unterstufe von der neunjährigen Schulpflicht" durch die chinesische Bildungskommission bestimmt wurde. Die Kinder gehen während *39 Wochen* im Jahr zur Schule, die Mittelschüler gehen während *40 Wochen* im Jahr. Der Gesamtumfang der Jährlichen Unterrichtsstunden ist bei einer 5-Tage-Woche. D. h. durchschnittlich wird theoretisch im Jahr bei einer 5-Tage-Woche in einer Spanne von **195** Tagen (für Grundschüler) bis **200** Tagen (für Mittelschüler) unterrichtet. In jedem Jahr kann diese Zahl kleineren Änderungen durch die Schulbehörde unterworfen sein, die nicht mehr als ein bis zwei Tage umfassen.

Tab. 3.7: Das Schuljahr in China

	Grundschule	Mittelschule der Unterstufe	Anmerkung
Unterrichtzeit pro Jahr in Wochen	34	34	In der 9. Kl. 2 Wochen weniger für Unterrichtzeit, aber 2 Wochen mehr Zeit für Vorbereitung der Prüfungen.
Veranstaltung der Schule	1	1	
Soziale Veranstaltung	1	1	
Vorbereitung für Prüfung	2	3	
Andere Pflichtzeit für Schule	1	1	
Semesterferien und Feiertagen	13	12	Semesterferien, staatliche und soziale Feiertagen
Insgesamt	52	52	

Quelle: Curriculumplan, 1992

3.3.2 Stundentafeln und Anzahl der Unterrichtsstunden

3.3.2.1 In Deutschland

3.3.2.1.1 Im Primarbereich

Im Primarbereich werden pro Woche **19 bis 28 Stunden** Unterricht erteilt. In den meisten Ländern beträgt die Zahl der Unterrichtsstunden im ersten Jahr etwa 20 Stunden und erreicht im vierten und letzten Jahr des Primarbereichs bis zu 28 Stunden. Je Klassenstufe ergibt sich ein Durchschnittswert von **21,5 Stunden** (vgl. Statistische Veröffentlichungen der KMK, Nr. 155, 2001, S. 83). Eine Unterrichtsstunde dauert in der Regel **45 Minuten**. Der Unterricht findet in der Regel am Vormittag im Umfang von bis zu sechs Unterrichtsstunden pro Tag statt.

Tab. 3.8: Stundentafel für die bayerische Grundschule

Fächer	Klasse				Gesamt
	1	2	3	4	
Religion	2	3	3	3	11
Grundlegender Unterricht	17	17			
Deutsch			7	7	(28)
Mathematik			5	5	(20)
Heimat- und Sachkunde			4	4	(16)
Kunsterziehung			1	1	(4)
Musik	-	-	2	2	(4)
Textilarbeit/Werken	1	2	2	2	7
Sport	2	2	2+2	2+2	8(12)
Förderunterricht	2	1	1	1	5
Total	24	25	27+2	27+2	103+4

Anmerkung: Musik- und Bewegungsübungen wurde nicht gesondert aufgeführt.
Quelle: Döbrich/Huck/Schmidt, S. 37

Für den Primarbereich sind Unterrichtszeiten von **7.30/8.30 bis 13.30 bzw. 11.30** Uhr (Montag bis Freitag bzw. Samstag) vorgesehen. Die Halbtagsschule ist aus pädagogischen und schulorganisatorischen Gründen die traditionelle Unterrichtsform in Deutschland. Mit einem Anteil von 5,1 % an allen Schülerinnen und Schülern im Primarbereich im Jahr 2003 sind Grundschulen in Ganztagsform gegenwärtig noch die Ausnahme. Die Schulöffnungszeiten (7.30 bis 14.00 bzw. 13.00) von Montag bis Freitag bzw. Samstag) werden von den Schulen in Absprache mit den für die außerunterrichtliche Betreuung der Kinder zuständigen schulischen oder außer schulischen Einrichtungen festgelegt (KMK, Das Bildungswesen 2004).

Tab. 3.9: Anzahl der Unterrichtsstunden der Grundschulen im Schuljahr 1989/90

Land	Klasse				Gesamt
	1	2	3	4	
Berlin	17	21	24	26	88(96)
Bayern	24	25	27+2	27+2	103+4
Bremen	18	20	23	24	85
BW	20+2	22+2	24+3	24+3	90+10
Hamburg	19	20	23	23	85
Hessen	20	22	25	26	93(101)
RP	18	22	26	26	92
NS	21+2	22+2	25+2	26+2	98+8
NRW	19+1	21+1	23+1	24+1	87+4
Saarland	20	24	28	28	100
SH	19	21	24	25	89(94)

Anmerkungen:
➢ BW: Baden-Württemberg, RP: Rheinland-Pfalz, NS: Nordrhein-Westfalen, SH: Schleswig-Holstein.
➢ Die Zusatzstunden in der Tabelle mit + gekennzeichnet beziehen sich auf zusätzlich in der Studentafeln ausgewiesenen Förderunterricht; Die Zusatzstunden in der Tabelle mit (...) gekennzeichnet beziehen sich auf zusätzliche Stunden, die auf der Studentafel nicht vorgesehen aber als Verfügungsstunden.
Quelle: Döbrich/Huck/Schmidt, S. 20

3.3.2.1.2 Im Sekundarbereich

Im Sekundarbereich I sind in der Regel Unterrichtszeiten von *7.30/8.30 Uhr bis 13.30/11.30 Uhr* (Montag bis Freitag bzw. Samstag) vorgesehen. Die wöchentliche Unterrichtszeit im Pflicht- und Wahlpflichtbereich beträgt für alle Schularten in den Jahrgangsstufen 5 und 6 in der Regel *28 Wochenstunden*, in den Jahrgangsstufen 7–10 in der Regel *30 Wochenstunden* zu je 45 Minuten.

Im Sekundarbereich II gibt es kein festgelegtes Unterrichtende. Die wöchentliche Unterrichtszeit in der gymnasialen Oberstufe beträgt in der Regel auch 30 Wochenstunden, davon 20 Wochenstunden im Pflichtbereich und 10 Wochenstunden im Wahlbereich, die im Rahmen der Grundkurse bzw. Leistungskurse absolviert werden. Im achtjährigen Gymnasium erhöht sich die Wochenstundenzahl in den Sekundarstufen I und II in der Regel um zwei bis vier Stunden. Um die gegenseitige Anerkennung der Abiturzeugnisse mit verkürzter Schuldauer zu sichern, müssen die Länder mit achtjährigem Gymnasium in der Sekundarstufe I und in der gymnasialen Oberstufe insgesamt ein Stundenvolumen von mindestens 265 Wochenstunden gewährleisten (KMK, Das Bildungswesen 2004).

Tab. 3.10: Pflichtunterrichtsstunden/Woche in Bayern bei 5-Tage-Woche

Hauptschule	Realschule	Gymnasium	Klasse
30(+2)	30(+2)	28(+2)	5
			6
		30(+2)	7
			8
29-31(+2) 29 als Mindestumfang der Stundentafel			9
			10
		34	11
		29	12
			13

Quelle: vgl. Döbrich/Huck/Schmidt, S. 37–40

3.3.2.2 In China

3.3.2.2.1 Umfang der Stundentafel der Grundschule

Das Curriculum der Grundschule sieht in China wie in Tabelle 3.11 aufgeführt aus. Das tatsächlich angebotene Curriculum ist jedoch abhängig von den Ressourcen, die der jeweiligen Grundschule zur Verfügung stehen. Es ist durchaus möglich, dass an einer Grundschule nur die Fächer Chinesische Sprache und Mathematik oder nur Ideologische Morallehre, Chinesische Sprache, Mathematik und Allgemeinwissen gelehrt werden.

3.3.2.2.2 Umfang der Stundentafel der Mittelschule

Das vorgegebene Curriculum, wie in Tabelle 3.12 dargestellt, entspricht auch auf dieser Stufe einer Idealvorstellung, deren Umsetzung von den zur Verfügung stehenden Ressourcen abhängig ist.

Tab. 3.11: Anzahl Stunden pro Schuljahr der Grundschule in China

Fach	1. Klasse	2. Klasse	3. Klasse	4. Klasse	5. Klasse	6. Klasse
Ideologische Morallehre	1	1	1	1	1	1
Chinesische Sprache	10	10	9	8	7	7
Mathematik	4	5	5	5	5	5
Sozialkunden	-	-	-	2	2	2
Naturkunden	1	1	1	1	2	2
Körperkunde	2	2	3	3	3	3
Musik	3	3	2	2	2	2
Kultur	2	2	2	2	2	2
Arbeit	-	-	1	1	1	1
Wochenstunden	**23**	**24**	**24**	**25**	**25**	**25**

Quelle: vgl. Nowak-Speich, 2006

Tab. 3.12: Anzahl Stunden pro Schuljahr der Mittelschule von Unterstufe in China

Fach	7. Klasse	8. Klasse	9. Klasse
Ideologische Politiklehre	2	2	2
Chinesische Sprache	6	6	5
Mathematik	5	5	5
Fremdsprache	4	4	-
Geschichte	2	3	2
Geographie	3	2	-
Physik	-	2	3
Chemie	-	-	3
Biologie	3	2	-
Körperkunde	3	3	3
Musik	1	1	1
Kultur	1	1	1
Arbeit	2	2	2
Andere insgesamt*	4	4	5
Wochenstunden	36	37	36

Anmerkung: * Veranstaltungen der Klasse, der Schule, örtliche Curriculum
Quelle: vgl. ebd.

3.3.3 Pause, Schulwegzeiten, Hausaufgaben und Nachhilfeunterricht

3.3.3.1 in Deutschland

Pausen-Mindestregelung

Es gibt bei den Pausen unterschiedliche Regelungen in den einzelnen Bundesländern.
Die Bestimmungen für die Pausen sehen in Bayern und in Hamburg die Mindestpausenregelungen vor. Aber die Mindestregelungen in bayerischen Schulen liegt deutlich höher als die in Hamburg. Die Pausen in Hamburg und bayerischen Schulen sind wie folgt geregelt (vgl. Döbrich/Huck/Schmidt, S. 27, 49–51):

Hamburg
Die Pause zwischen Vor- und Nachmittagsunterricht beträgt mindestens 90 Minuten.
Vormittags in Schulen mit Klasse 1–4: Mindestens 55 Minuten bei 5 Std. Unterricht; Mindestens 60 Minuten bei 6 Std. Unterricht. In Klasse 5–10: Mindestens 50 Minuten bei 5 Std. Unterricht; Mindestens 55 Minuten bei 6 Std. Unterricht. Zwischen Vor- und Nachmittagsunterricht mindestens 90 Minuten.

Bayern
Vormittags in der Regel 30 Minuten Pause und zwischen Vor- und Nachmittagsunterricht 60 Min. Pause.

Schulwegzeit

Die geschätzten Werte der täglichen Schulwegzeiten für allen Klassenstufen der allgemeinen bildenden Schulen nach Döbrich/Huck/Schmidt sind in Bayern ca. 30 bis 40 Minuten, in Hamburg ca. 20 bis 30 Minuten, in Hessen ca. 30 bis 40 Minuten.

Hausaufgaben-Maximalregelung

Die vorliegenden Untersuchungen zeigen, dass es Unterschiede bei der Hausaufgabendauer zwischen den Schulformen einerseits und den Ländern andererseits gibt. Die Zeitdauer für Hausaufgaben ist außerdem abhängig von den jeweiligen Lehrern einer Schule und deren Absprachen über Hausaufgaben. In der folgenden Tabelle 3.13 wird die tägliche Zeit in Bayern, Hamburg und Hessen dargestellt:

Tab. 3.13: Tägliche Zeit für Hausaufgaben in Minuten in drei Bundesländern

Klasse	Bayern	Klasse	Hamburg	Klasse	Hessen
1–4	60	1	10	1/2	30
5–13	120	2	30	3/4	45
		3/4	60	5/6	60
		5/6	90	7/8	90
		7–10	120	11–13	Ca. 120
		11–13	120		

Quelle: Eigene Darstellung nach Döbrich/Huck/Schmidt, S. 53–56

Nachhilfeunterricht

„Der Besuch von Nachhilfeunterricht kann als das Bemühen verstanden werden, individuelle Defizite auszugleichen" (KMK, 2003, S. 153). Unter Nachhilfeunterricht oder kurz Nachhilfe versteht man die gelegentliche oder regelmäßige Unterstützung von Lernenden, wenn die Schüler Lernproblem haben oder ihre Leistungen steigern wollen. Manche Schulen bieten auch selbst Nachhilfe an – nicht nur für Schwache, sondern auch Förderunterricht für besonders Begabte (Doerry/Mohr, S. 114).
Nach den Ergebnissen der aktuellen Shell-Studie beträgt der Anteil der Jugendlichen ab zwölf Jahren, die Nachhilfe erhalten, etwas 20 Prozent. Im Bereich der Grundschulen sind es nach den Ergebnissen aus PIRLS/IGLU ebenfalls ca. 20 Prozent der Schüler, die wöchentlich Nachhilfe erhalten. In PISA für die Sekundarstufe wird ein geringer Anteil mitgeteilt, nämlich 11 Prozent der Schüler die Nachhilfe im Fach Deutsch erhalten (vgl. KMK, 2003, S. 153).

3.3.3.2 In China

Pausen

> ➤ In der Regel 10 Minuten Pause zwischen zwei Unterrichtsstunden (40 Minuten Unterricht für Grundschüler, 45 Minuten Unterricht für Mittelschüler).
> ➤ Täglich zwei mal (vormittags und nachmittags) Augengymnastikpause für jeweils 5 Minuten, insgesamt 10 Minuten
> ➤ Gymnastikpause für 20 Minuten, normalerweise nach zwei Lektionen
> ➤ Zwischen Vor- und Nachmittagsunterricht mindestens 60 Minuten Mittagessenpause.

Schulwegzeit

In China kommen die Schüler zu Fuß, oder selbst mit einem Verkehrsmittel – wie z. B. Fahrrad (ein ganz normales beliebtes Verkehrsmittel) oder Bus- zur Schule. Die Schulwegzeiten sind lokal unterschiedlich. Es gibt dazu noch kein statistisches Datenmaterial. Eine zuverlässige Aussage über die Schulwegzeiten machte ein Wissenschaftler in Nanjing. Dieser Zeitparameter wurde von ihm geschätzt: Nach einem Bebauungsplan der Schulen für die Stadtbezirke Nanjing brauchten die Schüler ca. *10 bis 15* Minuten, um zur Schule zu kommen, in der Mittagessenszeit hin und zurück in die Schule ca. 20 bis 30 Minuten. Diese Ergebnisse sind fast gleich als geschätzte Werte für alle großen und mittleren Städten.

Hausaufgaben

Eine zeitliche Regelung der Hausaufgaben gibt es in China auch in Form einer Maximalregelung. D. h. es dürfen nicht zu viele Hausaufgaben pro Klassenstufe aufgegeben werden. Von der staatlichen Bildungskommission wurde im Jahre 1994 eine Empfehlung der Minderung der Belastung durch die schulischen Hausaufgaben veröffentlicht. Die folgende Übersicht (vgl. Tab. 3.14) informiert über den maximalen Umfang der Hausaufgaben und die für angemessen gehaltene Schlafenszeit.

Diese Regelungen entsprechen oft nicht der Schulrealität. Eine Untersuchung des Entwicklungszustands von gegenwärtigen chinesischen Kindern und Jugendlichen (China Youth Daily, 17.01.2000) bei der tatsächlichen Hausaufgabendauer ergibt, dass 67,2% der Grundschüler in den Städten und 45,6% der Grundschüler in den Kommunen der ersten bis dritten Jahrgangsstufe mehr als die im Erlass vorgesehenen 30 Minuten für Hausaufgaben aufwenden (bei den 4. bis 6. Jahrgangsstufe war es ähnlich), 20,6% der Mittelschüler in den Städten und 20,1% der Mittelschüler in den Kommunen sogar mehr als *90* Minuten.

➢ 37,2% der Grundschüler in den Städten und 29,0% der Grundschüler in den Kommunen benötigten 31–60 Minuten für die Hausaufgaben

➢ 21,6% der Grundschüler in den Städten und 11,1% der Grundschüler in den Kommunen benötigten 61–120 Minuten für die Hausaufgaben

➢ 8,4% der Grundschüler in den Städten und 5,5% der Grundschüler in den Kommunen benötigten 120–180 Minuten für die Hausaufgaben.

Tab. 3.14: Maximaler Umfang der täglichen Hausaufgaben in China

Klasse	Umfang der Hausaufgaben in Minuten	Schlafenszeit in Stunden
1	0	10 Std.
2, 3	30	
4	45	
5, 6	60	
7, 8, 9	90	9 Std.

Eine andere Befragung aus dem Jahre 2003/04 (Eine Untersuchung der Gewohnheiten des Lebens der chinesischen Kinder und Jugendlichen in den

Städten) ergab, dass die Kinder und Jugendlichen für die Erledigung ihrer Hausaufgaben an Wochentags 90,59 Minuten und am Wochenende 148,32 Minuten (Sun/Guan,2005).

Nachhilfeunterricht

Nach der Untersuchung aus dem Jahre 2003/04, die oben angesprochen wurde, erhalten an Wochentags 40% der Schüler Nachhilfe, am Wochenende mehr als 60% der Schüler. Als Anlass für den Nachhilfeunterricht werden an erster Stelle „schlechte Leistungen, Noten" genannt (ebd.).

3.3.4 Außerschulische Freizeit

Die Gestaltung der Freizeit ist auch ein wichtiger Teil der Lebenswelt Jugendlicher außer Schule, Familie. Im Folgenden wird die außerschulische Freizeit von Jugendlichen in beiden Ländern betrachtet.

3.3.4.1 Freizeit von Jugendlichen in Deutschland

Freizeitaktivität

Von 1997 bis 2000 wurde am Deutschen Jugendinstitut eine empirische Untersuchung in Stadtteilen, -bezirken oder -bezirksteilen in Dresden, Duisburg und München durchgeführt. Nach den Ergebnissen an der Spitze der häufigen Freizeitaktivitäten liegen bei drei Viertel der befragten Jugendlichen „Musik hören" und „Freunde besuchen", im Mittelfeld Sport, Fernsehen und Lesen, bei einem Viertel der Befragten die Beschäftigung mit Tieren, Natur und Umwelt sowie Computerspiele oder Musizieren und Malen. Unter den institutionellen Freizeitangeboten wurde an erster Stelle das Kino genannt, eine öffentliche Bibliothek wurde nur von der Hälfte der Jugendlichen genutzt (Mack/ Raab/Rademacker, 2003, S. 104–107).
Die Zeitbudgeterhebung 2001/02 in Deutschland wurde im Auftrag des Bundesministeriums für Familie, Senioren, Frauen und Jugend vom Statistischen Bundesamt in Zusammenarbeit von den statistischen Ämtern der Länder durchgeführt.
Die Abbildung 3.4 zeigt die Zeitverwendung von Jugendlichen an Wochentagen. „Jugendliche zwischen 10 und 14 Jahren haben tatsächlich viel Zeit für Mediennutzung, ihr soziales Leben, Hobbys und Sport an einem durchschnittlichen Wochentag". Diese Aktivitäten beanspruchen von Montag bis Freitag durchschnittlich knapp **6 Stunden** am Tag: 5,75 Stunden bei Mädchen und 6,25 Stunden bei Jungen. Schule und Hausaufgaben nehmen bei den Jungen und Mädchen durchschnittlich 5,25 Stunden von Montag bis Freitag ein. Jungen helfen mit etwa einer Stunde bei den unbezahlten Arbeiten im Haushalt,

Mädchen mit *1,25* Stunden. „Die 15- bis 20-jährigen jungen Frauen arbeiten 0,5 Stunde mehr im Haushalt als ihre männlichen Altersgenossen. Während bei den jungen Frauen die Freizeit etwa gleich lang geblieben ist, hat sie bei den Männern gegenüber den 10- bis 14-Jährigen noch einmal um eine halbe Stunde auf 6,75 Stunden zugenommen" (Bundesministerium für Familie, Senioren, Frauen und Jugend, statistisches Bundesamt, S. 41).

Abb. 3.4: Zeitverwendung von Jugendlichen an Wochentagen

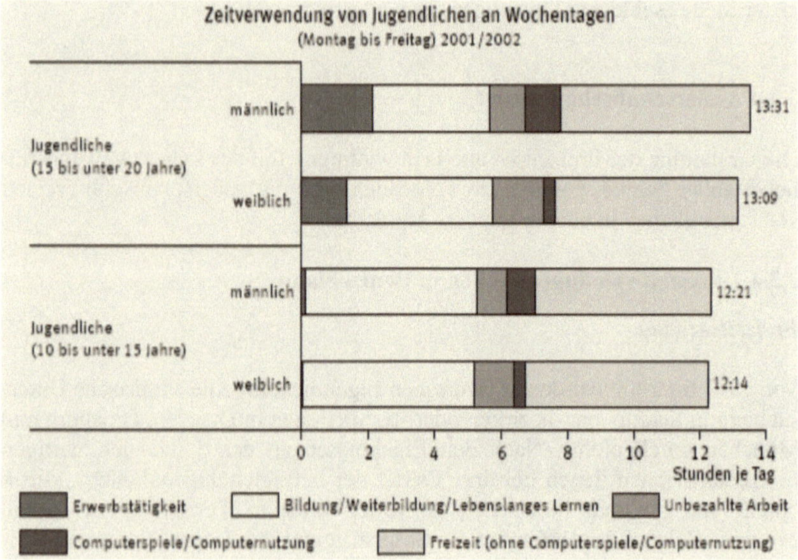

Quelle: in Bundesministerium für Familie, Senioren, Frauen und Jugend, statistisches Bundesamt, Wo bleibt die Zeit? Die Zeitverwendung der Bevölkerung in Deutschland 2001/02, Statistisches Bundesamt 2003-02-0433

Mediennutzung

Die Medienumwelt einer Familie ist zunächst ein Nutzungsangebot, wie Fernsehen, Radio, Tageszeitung, Bücher, Zeitschriften, Comics, Geräte für Musikhören (Kassettenrecorder, CD, MP3, usw.), Videorecorder, Computer usw. (vgl. Hurrelmann, 1989, S. 45, 46).
Das Fernsehen stellt für viele Kinder und Jugendliche die wichtigste Freizeitbeschäftigung dar. Es ist einfach zugänglich und jeder kann damit umgehen. Das Fernsehen beeinflusst Meinungen und Einstellungen und prägt das Weltbild der Nutzer. Es gibt viele Untersuchungen mit Fragebogen, die sich mit Jugendkonsum und den möglichen Auswirkungen befassen. Das Ergebnis von

einer Untersuchung an deutschen und japanischen Jugendlichen zeigte, dass sich die Nutzungsdauer des Fernsehens für deutschen Jugendlichen ca. 2.1 Stunden an einem Wochentag, ca. 3.2 Stunden am Wochenende ergaben (Chisaki, 2000, S. 175). Nach den Ergebnissen der Erhebung von Myrtek sahen die 11jährigen Schüler im Mittel 1,9 Stunden, die 15jährigen 2,2 Stunden an einem normalen Schultag fern. Teilt man die Schüler in „Wenig- und Vielseher" auf, so wird ein großer Unterschied zwischen den Gruppen deutlich. Junge „Vielseher" sahen knapp 2,9 Stunden, junge „Wenigseher" nur 0,8 Stunden fern. Bei den Älteren waren es 3,3 Stunden bzw. 1,1 Stunden. Mit rund 31 % stellt so das Fernsehen für die „Vielseher" die wichtigste Beschäftigung in der Freizeit dar. Es zeigte sich auch, dass „Vielseher" öfter allein fernsehen als „Wenigseher" (Myrtek, Das Online Familienhandbuch). Computerspiele erfreuen sich bei Kindern und Jugendlichen auch große Beliebtheit. Nach den Ergebnissen der Erhebung (Fromme/Kommer/Mansel/ Treumann, 1999, S. 205) gaben nur 2% der Stichprobe (Kinder im Alter von 7 bis 15 Jahren) an, noch nie elektronische Bildschirmspiele gespielt zu haben. Die Nutzung von Computerspielen ist bei den Jungen im Durchschnitt häufiger als bei den Mädchen. 38,7% der Jungen spielen täglich am Computer, dagegen nur 12,4% der Mädchen.

Freizeitorganisationen

Organisierte Freizeit spielt für Jugendliche auch in der heutigen konsumorientierten Zeit noch eine bedeutende Rolle. Eine der ältesten Formen organisierter Freizeit ist der Verein, dessen Idee über hundertfünfzig Jahre alt ist. In der Freizeit von Jugendlichen spielt der Sportverein die herausragende Rolle. Jugendverbände vermitteln politische Ideale, bieten aber auch Freizeitaktivitäten an (Nolteernsting, 1998, S. 93). Nach den Ergebnissen der erwähnen Erhebung (Mack/Raab/Rademacker, 2003, S. 109) sind genau die Hälfte der Jugendlichen in einem Sportverein aktiv. Knapp ein Fünftel der Befragten gehören einer kirchlichen Organisation an, etwas weniger einem Jugendverband, und nur einige wenige sind im sozialen Bereich engagiert. Noch weniger geben an, in einem Musikverein, einer Musik- oder Tanzgruppe mitzuwirken.

Freizeit mit Gleichaltrigen

„Neben der räumlichen Distanzierung von den Eltern äußert sich das in dem Entwickeln und Verfolgen eigener Interessen, der Integration in Cliquen gleichaltriger Jugendlicher und der Aufnahme von Partnerschaften" (Hurrelmann/Albert, 2002, S. 80). Nach der Shell Jugendstudie 2002 geben mehr als zwei Drittel aller Befragten Jugendlichen (68%) an, Mitglied einer Clique zu sein. Vor allem sind Jugendliche im Alter zwischen 15 und 21 Jahren Mitglied in Cliquen (73%), während 12- bis 14-Jährige (61%) und 22- bis 25-Jährige

(67%) eher seltener Mitglieder in Cliquen sind. Weibliche Jugendliche aller Altersgruppen geben häufiger an, sich in einer festen Partnerschaft zu befinden als ihre männlichen Altersgenossen.

3.3.4.2 Jugendliche Freizeit in China

Freizeit Organisationen

Der Chinesische Kommunistische Jugendverband (KJV)

Abzeichen des KJV

Unter Führung der Kommunistischen Partei Chinas (KPCh) ist KJV eine Massenorganisation für fortgeschrittene chinesische Jugendliche, eine Schule für kommunistische Erziehung und Helfer der KPCh. Die Organisationen des KJV sind auf Stadt-, Stadtbezirks- und Kreisebene verteilt. Die Basisorganisationen in Betrieben, Kommunen, Armeeeinheiten, Schulen und Straßen umfasst Zellen, Hauptzellen, Komitees. Bis Ende des Jahres 2005 ergab sich in China insgesamt 72,146 Millionen Mitglieder von dem KJV (vgl. Der Zustand des Chinesischen Kommunistischen Jugendverband, Online).

Die wesentlichen Aufgaben des KJV sind es ihre Mitglieder zum Studium des Marxismus-Leninismus, der Gedanken Maozedongs und der Theorien Denxiaopings, Wissenschaft, Technik, Kultur anzuregen, die Führung der KPCh zu propagieren und auszuführen.
Der KJV ist ein wichtiger Organisator der außerschulischen Bildung und Erziehung und bietet verschiedene Formen der Freizeitgestaltung für die Mitglieder, wie z. B. wissenschaftliche Wettkämpfe, Veranstaltungen über Umweltschutz oder über die Liebe zum Vaterland usw..

Die Chinesischen Jungen Pioniere (JP)

Abzeichen der JP

Die Chinesischen Jungen Pioniere wurden im Jahr 1949 durch die Kommunistische Partei Chinas (KPCh) gegründet. Das „Statut der Chinesischen Jungen Pioniere" 1995 – insgesamt 15 Artikeln – charakterisiert die Massenorganisation für Kinder und Jugendliche als eine Schule des Kommunismus. Der Verband organisiert sich in Form von Teams mit 5–13 Mitglieder, Kompanien mit mehr als 2

Teams und Bataillonen mit mehr als 2 Kompanien. Der Lehrer kann zum „Instruktor" ernannt und mit der politisch-ideologischen Erziehung beauftragt werden. Jedes Mitglied soll ein rotes Halstuch tragen.

Ein ähnliches Führungsverhältnis wie zwischen KPCh und KJV existiert zwischen KJV und den Jungen Pionieren, deren Führung dem KJV (als dafür Beauftragter der Partei) zukommt (vgl. Henze, 1983, S. 134). Um die Freizeit von Kinder und Jugendlichen zu beleben bieten die Chinesischen Jungen Pioniere verschiedene Formen der Freizeitgestaltung für die Mitglieder, wie z. B. Sammlung der moralischen Sprüche, Erziehung zur revolutionären Tradition und Errichtung froher Gruppen usw..

Freizeiteinrichtungen

Die Freizeiteinrichtungen in den fünf chinesischen Städten, die Jugendliche bevorzugt in ihrer Freizeit aufsuchen, werden als Beispiele in der Tabelle 3.15 dargestellt. Exemplarisch werden Jugendzentren und Jugendhäuser, die weit über das Land verteilt sind, vorgestellt. Es gibt privatorganisierte und regierungsorganisierte Einrichtungen. Die Hauptschwerpunkte der Arbeit der Einrichtungen sind sehr ähnlich.

Tab. 3.15: Freizeiteinrichtungen in den fünf chinesischen großen Städten

Stadt	Freizeiteinrichtungen
Beijing (Hauptstadt Chinas)	➢ Pionierhaus; Jugendhaus; Kinderzentrum; Kinder- und Jugendzentrum; ➢ Kinderkino; ➢ Kunstgalerie für Kinder; Kunstgalerie für Jugendliche; Jugendzentrum für Naturwissenschaft und Technik; ➢ Kindersportschule; Jugendsportschule; ➢ Bildungszentrum für Frauen und Kinder; außerschulische Studio für Kinder; ➢ Kinderparadies usw.
Shanghai (regierungsunmittelbare Stadt)	➢ Pionierhaus; ➢ Kulturentwicklungszentrum für Jugendlichen; ➢ Jugendzentrum für Naturwissenschaft und Technik; ➢ Jugendschwimmschule; Kinderfußballschule; Kindertischtennisschule; ➢ Kindertheaterschule; Jugendkunstschule; „Beilei" Kunstschule; Malerschule; Kinderstadtfernsehenszentrum; technische Fähigkeitsschule; außerschulische Schule; ➢ Kinderparadies usw.
Guangzhou (große Stadt im Süden)	➢ Pionierhaus; Jugendhaus; Kinderzentrum; Frauen- und Kinderzentrum; Jugendzentrum; ➢ Frauen- und Kinderentwicklungszentrum; Frauen- und Kinderkurs; Kinderentwicklungszentrum ➢ Kinderkino; ➢ Kindersportschule; Jugendsportschule; Militärschule usw.
Tianjing (regierungsunmittelbare Stadt)	➢ Pionierhaus; Jugendhaus; Kinder- und Jugendzentrum; ➢ Jugendzentrum für Naturwissenschaft und Technik; ➢ Schachschule; ➢ Jugendsportschule; ➢ Kindertheatergruppe; Kindermusikgruppe usw.
Shenyang (die untersuchte Stadt der vorliegenden Arbeit)	➢ Pionierhaus; Jugendhaus; Frauen- und Kinderhaus; Kinderzentrum; ➢ Kindersportschule; ➢ Kinderkunstschule; Kindertheater; ➢ Internationale Jugendkulturaustauschzentrum usw.

Quelle: Eigene Darstellung nach Quelle „außerschulische Einrichtungen, Online"

Jugendzentren (qingshaonian huodong zhongxin) sowie Jugendhäuser (qingshaonian gong) sind in China weit verbreitet, sie finanzieren sich über Spenden und gestaffelten Kursbeiträgen und bekommen auch von der Regierung eine finanzielle Förderung. Sie wurden geschaffen, um die Kreativität, musische, bildnerische und motorische Begabungen von Kindern und Jugendlichen Raum zu geben und Fähigkeiten, die in der schulischen Ausbildung nicht genügend berücksichtigt werden können, zu fördern. Im Jugendzentrum stehen die Räume, wie Tischtennisraum, Basketballhalle und einige Spielgeräte, in der Regel kostenlos zur Verfügung. Jedes Jahr werden vielfältige Veranstaltungen für Kinder und Jugendlichen durch Jugendzentren organisiert, z. B. Sommerlager, Jahresmärkte, internationale kulturelle Austausch-Veranstaltungen, Aufführungen, und große Partys, traditionelle Feste usw. Auch werden viele Schulungskurse veranstaltet. Hauptschwerpunkte sind hierbei:

- Malerei und Kalligraphie
- Tanz, wie z. B. klassische Ballet
- Musik, wie z. B. Gesang und Instrumente
- Sport
- Sprachen, besonders Fremdsprachen

Die bisherigen Forschungsergebnisse der Freizeit von chinesischen Jugendlichen

Die oben erwähne Untersuchung aus den Jahren 2003/04 über die Gewohnheiten des Lebens von den chinesischen Kindern und Jugendlichen in den Städten zeigte, dass die Fernsehdauer von Jugendlichen durchschnittlich täglich bei 55,5 Minuten, die Sportaktivitätsdauer bei 32,9 Minuten lag. Nach den Antworten der Erhebung sind die beliebtesten Freizeitaktivitäten nach der Häufigkeit: Spiel in der Gleichaltrigengruppe (39,6% der Schüler), Sportaktivität (38% der Schüler), Vergnügung (35% der Schüler), elektronisches Spiel (32,7% der Schüler), Karten oder Schach (24,8% der Schüler), Handarbeit (18% der Schüler), andere Aktivitäten (17% der Schüler). Es zeigte sich dass wegen der Belastung durch das Lernen 26,1% der Schüler innerhalb einer Woche keine Sportaktivitäten betrieben, 35,9% nur eine halbe bis eine Stunde und nur 16,9% mehr als eine Stunde. 52,9% der Schüler antwortete, dass der beste Spielplatz das Elternhaus ist, 44,9 % der Schüler spielen lieber im Park oder Hof der Gebäude, wo sie wohnen, 40,2% der Schüler spielen in der Schule, 28,9% der Schüler im Haus ihrer Freunde, 12,5% der Schüler in Vergnügungszentren (Sun/Guan, 2005).

Bei der Nutzung der außerschulischen institutionellen Freizeitangebote haben 27% der Schüler an Wochentagen an einer oder mehreren Unterrichtseinheiten für besondere Fähigkeiten – wie z. B. Ballet, Musikinstrument, Schwimmen usw. – teilgenommen, an Wochenenden 46% der Schüler. Die Freizeitpartner von 84% der Schülern sind Bekannte, Kollegen oder Freunde in den Gleichaltrigengruppen. Nur 10% der Schüler sind lieber allein (ebd.).

3.3.5 Elterliche Erwartung

In China

Warum legen die chinesischen Eltern so großen Wert auf die Schulleistung? Der Grund liegt in Chinas Engpässen in der Hochschulausbildung. China liegt im Vergleich zu den entwickelten Ländern, in denen die Rate der Jugendlichen, die nach dem Abitur ein Hochschulstudium aufnehmen können, bei über 50%, in manchen Ländern sogar bei 70–80% weit zurück. Das chinesische Bildungswesen kann das Bedürfnis der Jugendlichen nach Ausbildung nicht befriedigen. Damit die Kinder nicht bereits an der Startlinie als Verlierer dastehen, setzen die Eltern sie notgedrungen bei der Vorbereitung auf ein Hochschulstudium unter Druck, mit der Folge, dass das Aneignen von Wissen über die ethische Erziehung gestellt wird. Das stellt eine Besonderheit im chinesischen Bildungswesen dar (Zhang, Die Einzelkinder sind erwachsen geworden, Online).

Dass die chinesischen Schüler mindestens einen Fachhochschulabschluss machen, erwarten 91,7% ihrer Eltern, die Eltern von 54,9% diesen Schüler wünschen sich, dass ihre Kinder einen Doktorabschluss machen (vgl. Die Vernachlässigung von der Erziehung, Online). Aus einem anderem Untersuchungsbericht über den Zustand der chinesischen Kinder geht hervor, dass die Eltern in erster Linie auf das Lernen achten, an zweiter Stelle auf die Gesundheit, und erst danach kommen die ethische und moralische Erziehung. Eine wichtige Ursache für die Einstellung der Eltern ist nach der Ansicht von Soziologen ihre Erlebnisse in der Kulturrevolution (1966–1976). Während dieses verhängnisvollen Jahrzehnts, als sie Jugendliche waren, mussten sie die Schule verlassen und durften ihrem Lerneifer nicht folgen. Seither leiden sie unter diesem traumatischen Erlebnis. Um dies psychisch zu kompensieren, setzen sie ihre Hoffnung in ihre Kinder. Sie halten den Erwerb von Wissen für außerordentlich wichtig (Zhang, Die Einzelkinder sind erwachsen geworden, Online).

In Deutschland

Neben der besuchten Schulform wurden die Schülerinnen und Schüler nach den Schulabschlüssen gefragt (Hurrelmann/Albert, 2002, S. 64–65). Fast die Hälfte der Befragten strebt das Abitur als hochqualifizierenden Bildungsabschluss an, ein Knappes Drittel will den Realschulabschluss. Ein Fünftel der Realschüler und -schülerinnen haben Fachhochschul- oder Hochschulreife zum Ziel, mehr als ein Drittel der Hauptschüler und -schülerinnen wollen die mittlere Reife oder noch höhere Abschlüsse. „Die Leistungserwartungen der Eltern spielen also offensichtlich für die Aspirationen der Jugendlichen ebenfalls eine große Rolle. Oftmals wünschen sich die Eltern einen besseren Schulabschluss für ihre Kinder und damit bessere Ausgangspositionen selbst hatten" (Engel/Hurrelmann, 1989 in Hurrelmann/Albert, 2002, S. 65).

> „Bildung ist in der modernen Gesellschaft weiterhin eine wichtige Voraussetzung dafür, gesellschaftliche Chancen wahrzunehmen und soziale Risiken zu minimieren. Mit einem guten Qualifikationsniveau hängen die Chancen auf beruflichen Erfolg und auf Lebensstandard genauso zusammen wie die Chancen auf Selbstbestimmung und Freiheit" (Geißler 2002, S. 343).

Geißler hat diese allgemeinen Aussagen mit den folgenden Beispielen weiter konkretisiert: 1997 hatten 82 Prozent aller Leitenden Angestellten der deutschen Wirtschaft erfolgreich ein Hochschulstudium abgeschlossen, 36 Prozent waren promoviert, und nur 13 Prozent verfügten nicht über das Abitur (Scheuch/Scheuch, 1997 in Geißler, 2002, S. 334; vgl. Teil 3.2.1.5, Bildungsexpansion). D. h. der Einstieg oder Aufstieg in höhere berufliche Positionen ist immer häufiger an einen Hochschulabschluss gebunden. Diese "Akademisierung" vollzieht sich auch in anderen Berufsfeldern sowie in den höheren Ebenen des politischen Bereichs (Müller, 1998 in Geißler, 2002, S. 343). In der Regel lässt sich das individuelle "Bildungskapital" über gesellschaftliche Führungspositionen auch in entsprechend gute Einkommen und einen hohen Lebensstandard umsetzen. Die verschiedenen Abschlüsse der einzelnen Schulformen stellen eine bedeutende Determinante des späteren Berufslebens dar. 1995 verdienten Universitätsabsolventen das 2,2fache im Vergleich zu einem Ungelernter und ca. 70 Prozent mehr als eine gelernte Fachkraft (Geißler, 2002. S. 343–344).

Zusammenfassung

Wie die referierten Daten zeigen, können sich chinesische Kinder mehr Zeit für schulische Anforderungen als deutsche nehmen, und chinesische Jugendliche haben weniger Zeit für die außerschulischen sowie nichtschulbezogenen Aktivitäten (außerschulische Freizeit) als die deutschen bzw. die chinesischen Schüler sind „außerschulisch" stärker belastet als die deutschen Schüler. Es scheint sinnvoll, auf die Zeitnutzung von Jugendlichen in beiden Ländern zu achten.

3.4 Entwicklung von Hypothesen

Der bisherige Überblick über die inter- und intrakulturellen Vergleichsergebnissen verdeutlicht die folgenden Ausprägungen der Alltagsstruktur deutscher und chinesischer Jugendlicher:

> Im Vergleich zu den deutschen Schülern ist die Zeit für Schule und die schulbezogene Zeit in der Alltagsstruktur chinesischer Mittelschüler expansiv, dieser Unterschied wird durch die Lernzeit zu Hause verursacht.
> Dementsprechend ist Freizeitgestaltung von chinesischen Jugendlichen im außerschulischen Kontext begrenzt.

Aufgrund von parallelen und unterschiedlichen Aspekten können die chinesischen Schüler der Sekundarstufe I im Vergleich zu deutschen Jugendlichen eine verstärke Orientierung an Lernaktivitäten haben. Nach den obigen Darstellungen erscheint es sinnvoll auf die Zeit in der Schule und die schulbezogene Zeit zu achten, da diese die Gestaltung der außerschulischen Freizeit beeinflussen können. Auf der Basis der Unterscheidung der Messgrößen der Zeitnutzung von Jugendlichen sind die konkretisierten Fragestellungen in der vorliegenden Arbeit von Interesse. Es lassen sich Hypothesen formulieren, und diese sollen durch die eigene Untersuchung überprüft werden.

Fragestellungen:

> **Unterrichtszeit (Uz)**

Wie viel Zeit verbringen Schüler in den beiden Ländern mit Unterricht bzw. unterrichtsnahen Aktivitäten?

> **Zeit in der Schule (ZiS)**

Wie viel Zeit verbringen Jugendliche in der Schule?
Außerschulische Pflichtzeit, wie Pausenzeit u. ä.

> **Schulbezogene Zeit (sZ)**

Welche Zeit wenden sie darüber hinaus außerhalb der Schule für die Schule in den beiden Ländern auf?
- Zu Hause Lernen oder Hausaufgaben erledigen
- Nachhilfeunterricht

> **Außerschulische Freizeit (FZ):**

Wie sieht die Freizeit in den beiden Ländern aus?
- Familiengebundene Freizeit, wie z. B. Mithilfe der Haushaltspflichten (ohne Essenszeit und Zeit für Körperpflege)
- Geregelte Freizeit, wie z. B. Zeit für Freizeitaktivitäten außer Mediennutzung, Zeit für Mediennutzung, in einem Verein oder Privatunterricht
- Ungebundene freie Zeit (Gespräch mit Eltern, Aktivitäten mit Eltern, Freizeit mit Gleichaltrigen).

Hypothesen:

> Die gesamte Lernzeit in und außerhalb der Schule ist in China länger als in Deutschland. Unter Zeitaspekten und Zeitkategorien verbringen deutsche Jugendliche mehr Zeit im außerschulischen Kontext als in China, bzw. die

Alltagsstruktur von den deutschen Jugendlichen ist im Vergleich zu den Chinesischen Jugendlichen durch eine längere Freizeit geprägt.
➤ Es gibt eine signifikante Korrelation zwischen der Zeitnutzung für die außerschulischen schulbezogenen Aktivitäten und den Schulleistungen in China, während in Deutschland dieser Zusammenhang weniger ausgeprägt ist.
➤ Es gibt signifikante Korrelationen zwischen dem Zeitaufwand für Freizeitaktivitäten und den Schulleistungen in den beiden Ländern

4. Verfahren der Untersuchung

Es besteht die Notwendigkeit eine empirische Untersuchung durchzuführen, um die am Ende des letzten Kapitels aufgestellten Hypothesen zu überprüfen. In diesem Kapitel werden die Schritten der eigenen Untersuchung vorgestellt.

4.1 Durchführung der Untersuchung

4.1.1 Auswahl der Zielgruppe und Methode der Untersuchung

Da sich die Aussagen dieser Untersuchung auf die Jugendlichen in China und Deutschland beziehen, wurden deutsche Schüler in Deutschland und chinesische Schüler in China als Zielgruppe ausgewählt. Die Teiluntersuchungen erfolgten in China und Deutschland im Zeitraum vom 2004 bis 2005.

Als Zielgruppe der Untersuchung wurden Jugendliche der achten Jahrgangsstufe der allgemeinbildenden Schulen in Deutschland und in China aus folgenden Gründen ausgewählt:

> Chinesische Jugendliche der neunten Jahrgangsstufe befinden sich in einer sehr angespannten Situation vor der Aufnahmeprüfung in die Oberschulen (vgl. Kapitel 3.2.2.6). Jugendliche der neunten Klasse der Hauptschule in Deutschland werden am stärken mit der Wahl der beruflichen Orientierung konfrontiert, die neunte Klasse in Realschule und Gymnasium ist schon sehr wichtig für einem Abschluss der "mittleren Reife" zu bekommen (vgl. Teil 3.2.1.3, 3.2.1.4, 3.2.2.4)
> Chinesische Schüler der siebten Klasse haben sich vermutlich noch nicht an das Mittelschulleben gewöhnt (vgl. Teil 3.2.2.4)
> Jugendliche sind in der Regel mit 14 Jahren alt in der achten Klassstufe in beiden Ländern (vgl. Teil 4.2). Während des Jugendalters fangen starke Veränderungen im Körperlichen, in der Intelligenzentwicklung an, neue Verhaltensformen werden aufgebaut (vgl. 1. Kapitel).

Daher ist die achte Jahrgangsstufe in beiden Ländern die geeignetste Zielpopulation, um die „normale" Zeitnutzung von Jugendlichen zu beschreiben.
Für die vorliegende Arbeit war es aufgrund der begrenzten finanziellen, personellen und zeitlichen Möglichkeiten nicht möglich, eine Wahrscheinlichkeitsstichprobe für alle Jugendlichen der achten Klasse in Deutschland und China zu ziehen. D. h. eine überlegt gezogene geschichtete Stichprobe – „judgement Sampling" – wurde ausgewählt. Daher wurde die Zielgruppe nur auf zwei Städte begrenzt, nämlich die Stadt Tübingen in Deutschland und die Stadt Shen Yang in China.

Alle untersuchten deutschen Schulen liegen direkt in der Stadtmitte Tübingens. Die Schule A(eine Realschule) ist nicht weit von der Schule B (Hauptschule) entfernt. In diesem Stadtbezirksviertel stehen Wohnungen und Einfamilienhäuser gemischt. Hier wohnen die Bewohner meistens in Mietwohnungen, einige der befragten ausländischen Familien wohnen in sehr beengten Wohnverhältnissen. Schule C und D (Gymnasien) liegen in einer ruhigen Wohnsiedlung. In diesem ruhigen Stadtteil, wo viele Grünflächen zu finden sind, stehen überwiegend Einfamilien- und Reihenhäuser. Zu diesen Gymnasien kommen aber auch Schüler, die nicht in der Nähe der Schule wohnen.
Alle untersuchten chinesischen Schulen liegen in der Stadtmitte Shen Yang. Die Schulen a, b, c liegen in einem großen Business- und Kulturgebiet. Viele Bewohner wohnen hier in Wohnungen. Die Schule d liegen in ein Industriegebiet. Die Eltern der Schüler sind überwiegend Arbeiter und Einpendler oder Auspendler.

4.1.2 Instrument, Verteilung und Rücklauf der Umfragen

Die Untersuchung besteht aus einem standardisierten Fragebogen, der an die Schüler verteilt und von ihnen schriftlich ausgefüllt wurde, um die Zeitnutzung von Jugendlichen zu erfassen

Zuerst wurde von der Botschaft Chinas in der Bundesrepublik Deutschland ein Empfehlungsschreiben für die Untersuchung in den Schulen in China verfasst. Es wurde Kontakt mit der Behörde für Erziehung der Provinz Liao Ning in der Stadt Shen Yang aufgenommen, dann wurden die ausgewählten Schulen durch diese Behörde in der Stadt Shen Yang vermittelt. In Besprechungen mit den Schulleitern der jeweiligen Schulen wurde die Untersuchung geplant. Da die Klassengröße in China größer ist als in Deutschland, wurde eine Klasse aus der jeweiligen Schulform ausgewählt. Eine Klasse der Jahrgangsstufe Acht aus den jeweiligen Schulen wurde zufällig ausgewählt. Die Anzahl der Schüler einer Klasse liegt zwischen 41 und 66.
Die Fragebögen wurden von der Verfasserin in Klassenlehrerstunden verteilt, von Schülern ausgefüllt und nach ungefähr 40 Minuten eingesammelt. Bei der Durchführung der schriftlichen Umfragen in Deutschland wurde auf ähnliche Weise vorgegangen. So wurde die Untersuchung in den ausgewählten vier Schulen in Tübingen vom Oberschulamt in Tübingen genehmigt. Der gesamte Prozess des Einholens der Genehmigung wurde von Herrn Prof. Dr. G. L. Huber durchgeführt. Kontakte wurden mit Schulleitern der jeweiligen Schulen aufgenommen, und zwei Klassen der Jahrgangsstufe 8 aus der jeweiligen Schulform wurden ausgewählt. Die Fragebögen wurden von Verfasserin in Klassenlehrerstunden in den einzelnen Klassen verteilt, die Untersuchung wurde von der Verfasserin erklärt. Bei der Verteilung der Fragebögen wurden Briefe an die Eltern mit der Einverständniserklärung, für ihr Kind diesen Fra-

gebogen auszufüllen, mitgegeben. Die Schüler nahmen sie nach Hause mit. Die abgegebenen Bögen wurden nach einer Woche abgeholt.

4.2 Stichprobe

Die befragten Schüler

Als Probanden wurden jeweils über 220 Schüler in Deutschland und in China befragt. In Deutschland wurden dazu 224 Schüler-Fragebögen bei einem Unterricht in einer Realschule, einer Hauptschule, sowie bei einem Unterricht in zwei Gymnasien in Tübingen ausgegeben, in denen 154 Fragebögen zurückgegeben wurden, von denen 149 gültig waren. Die Rücklaufquote beträgt somit 68,75%, bei einer Gültigkeitsrate von 96,75%.
In China wurden insgesamt 226 Schüler-Fragebögen währen des Unterrichts, in vier Gymnasien in der Stadt Shen Yang verteilt, wovon 226 Fragebögen zurückgegeben wurden, das entspricht einer Rücklaufquote von 100%. 225 Fragebögen wurden als gültige Fragebögen bei der Auswertung verwendet, das entspricht einer Gültigkeitsrate von 99,56%.

Die Merkmale der Stichproben von Schülern aus Deutschland und China wurden in den folgenden Tabellen beschrieben. Wie die Tab. 4.1 zeigt, sind die befragten Jugendlichen beider Länder fast alle 13 bis 16 Jahre alt. Die Stichprobe enthält in China auch 12-jährige Jugendliche, während die deutsche diese nicht enthält, und die meisten Jugendlichen sind 14 Jahre alt. Diese Unterschiede erklärten sich aus den Schulsystemen in China und Deutschland. In China besuchen die Kinder ab 6 Jahren und manche schon mit 5 Jahre die Grundschule. Die Grundschule dauert 6 Jahre. Vom Beginn der Mittelschule bis zur Jahrgangsstufe 8 vergehen weitere 2 Jahre. Deshalb sind die meisten Jugendlichen in China mit 14 Jahre in der achten Jahrgangsstufe. In Deutschland beginnt die Schulpflicht mit Vollendung des sechsten Lebensjahres. Der Schulbesuch wird nach 4- bis 6-jähriger Grundschule in einer der drei Schularten Hauptschule, Realschule oder Gymnasium fortgesetzt. Die Jugendliche sind in der Regel mit 14 Jahren in der achten Klassenstufe. Die Bandbreite des Lebensalters kann auch mit dem Versetzungssystem zusammenhängen: in beiden Ländern werden Schüler nicht ohne Ausnahme in die nächste Jahrgangsstufe versetzt, es existiert das Sitzenbleiben oder Überspringen.
Die Tabelle 4.2 zeigt, dass die befragten Jugendlichen beider Länder unter dem Aspekt Geschlecht etwas unterschiedlich verteilt sind.
Um den kulturellen Hintergrund der Familien festzustellen, wurde beispielsweise gefragt, wie häufig sie zu Hause Chinesisch sprechen. Die Schüler, die zu Hause immer Chinesisch sprechen, wurden als „Chinesisch" codiert, die anderen als „ausländisch". Während die Stichprobe in China nur 0,9 Prozent

der Schüler aus ausländischen Familien aufweist, stammen 9,4 Prozent der deutschen Schüler aus ausländischen Familien. Der Anteil dieser Schüler ist am höchsten in Hauptschulklassen, bei den Gymnasiasten beträgt dieser Anteil nur 7 Prozent.

In Tübingen wurden eine Realschule, eine Hauptschule und zwei Gymnasien ausgewählt. (siehe Tab. 4.3)

In der Datenanalyse werden zwei Schulleistungsvariablen eingesetzt: eine ist die genannte Rangreihe der besuchten Schule. Die Rangreihe und die Anzahl der Schüler in den jeweiligen Schulformen werden in Tab. 4.4 dargestellt.

Tab. 4.1: Alter der Schüler

		12	13	14	15	16	k.A	Gesamt
Deutschland	N	0	19,0	99,0	26,0	4,0	1,0	149
	%	0	12,8	66,4	17,4	2,7	0,7	100
China	N	1,0	17,0	173,0	32,0	1,0	1,0	225
	%	0,4	7,6	76,9	14,2	0,4	0,4	100

Anmerkung: k. A.: Für Deutschland und China fehlt jeweils in einer Stichprobe die Altersinformation.

Tab. 4.2: Geschlecht der Schüler

		weiblich	männlich	Gesamt
Deutschland	N	83,0	66,0	149
	%	55,7	44,3	100
China	N	106,0	119,0	225
	%	47,1	52,9	100

Tab. 4.3: Die befragten Schüler pro Schule in Deutschland

Deutschland	N	%
Schule A (Realschule)	34	22,8
Schule B (Hauptschule)	40	26,8
Schule C (Gymnasium)	34	22,8
Schule D (Gymnasium)	41	27,6
Insgesamt	149	100,0

Tab. 4.4: Die befragten Schüler pro Schulform in Deutschland

Deutschland	N	%
Schule A (Realschule)	34	22,8
Schule B (Hauptschule)	40	26,8
Schule D (Gymnasium)	41	27,6
Schule C (Gymnasium)	34	22,8
Insgesamt	149	100,0

Tab. 4.5: Die befragten Schüler pro Schule in China

China	N	%
Schule a	41	18,2
Schule b	65	28,9
Schule c	55	24,4
Schule d	64	28,5
Insgesamt	225	100,0

Die Tab. 4.5 stellt die Rangreihe der Mittelschulen in Shenyang dar. Die „Schule a" ist im Hinblick auf das Leistungsniveau am niedrigsten, die „Schule d" am höchsten.
Für die andere Schulleistungsvariable wird der Mittelwert der Noten von Deutsch bzw. Chinesisch, Mathematik und Englisch benutzt. Die Leistung der einzelnen Schüler in chinesischen Mittelschulen wurde an erster Stelle erfasst. Wenn die Noten der chinesischer Schüler dem deutschen Notensystem entsprechen, wurden die Noten in China wie im deutschen Notensystem recodiert, nämlich ‚1' als die beste Note, ‚5' als die schlechteste Note (vgl. Teil 5.5). Der Mittelwert im chinesischen Notensystem beträgt ‚79,709', theoretisch und praktisch ergibt sich die Durchschnittsnote in China im deutschen Notensystem 3,2. Die Durchschnittsnote beträgt in Deutschland 2,64. Dies kann bedeuten, dass chinesische Lehrer durchschnittlich etwas strenger benoten.

4.3 Auswertungsverfahren

Daten

SPSS ist das weltweit verbreiteste Programmsystem zur statistischen Datenanalyse. Zöfel/Bühl (2002, S. 17) erklärten, dass SPSS für Windows alle Möglichkeiten der Datenerfassung und Datenmodifikation bietet und in dem

die meisten der zur Verfügung stehenden Verfahren enthalten sind. Deshalb traf ich die Entscheidung, dass die abgegebenen Daten mit Hilfe SPSS für Windows (Version 11,5) eingegeben und bearbeitet werden sollten.
Um die erhobenen Daten auswerten zu können, wurden zwei Datenbanken eingerichtet, und zwar je eine für die deutschen Schüler und die chinesischen Schüler Die Struktur der Datenbanken beinhaltet: Alter, Geschlecht, Staatsangehörigkeit, Noten im letzten Zeugnis sowie alle Items. Bei Bedarf können die zwei Datenbanken entweder zu zwei Gesamtdatenbanken zusammengefasst oder in verschiedene Subdatenbanken eingeteilt werden.

Analysen und Überprüfung von Hypothesen

Für die Auswertung nach SPSS gilt: Neben einfachen statistischen Analysen, wie Häufigkeitsauszählungen, Berechnung statischer Kennwerte, Kreuztabellen, Korrelationsberechnungen, und dem Grafikteil, enthält es t-Tests (Bühl/ Zöfel, 2002. S. 17). Bei der Datenanalyse der vorliegenden Arbeit spielen t-Tests eine besonders wichtige Rolle. Es handelt sich in der vorliegenden Arbeit um einen deutsch-chinesischen Vergleich, durch diesen Signifikanztest ist zu überprüfen, ob sich Gruppenmittelwerte einer Variablen zwischen beiden Ländern unterscheiden. Mit dem mitgeteilten F-Wert kann geprüft werden, ob zwischen den Varianzen der beiden Gruppen ein Unterschied besteht.

Nach Zöfel (2001) gibt die analytische Statistik „objektive Testverfahren an die Hand, nach deren Ergebnis eine Beurteilung möglich ist, ob eine Signifikanz vorliegt oder nicht". Wir betrachten hierzu das gegebene Beispiel und können die beiden folgenden Hypothesen formulieren:

> - Hypothese 0 (Nullhypothese): die beiden Stichprobenmittelwerte gehören zu der gleichen Grundgesamtheit
> - Hypothese1 (Alternativhypothese): die beiden Stichprobenmittelwerte gehören zur verschiedenen Grundgesamtheiten.

Ob die Nullhypothese beibehalten wird oder zugunsten der Alternativhypothese zu verwerfen ist, wird anhand der betreffenden Prüfstatistik entschieden (Zöfel, 2001. S. 60–61).

Beim t-Test wird die Wahrscheinlichkeit, mit der eine Hypothese verworfen wird, bis 0,05 berücksichtigt. Die Wahrscheinlichkeiten werden in vier Kategorien eingeteilt.

1. über 0,1 nicht signifikant
2. von 0,1 bis 0,06 schwach signifikant
3. von 0,05 bis 0,01 signifikant
4. unter 0,01 höchst signifikant

5. Darstellung und Analyse der Ergebnisse der eigenen Untersuchung

In diesem Teil werden die erhobenen Daten der detaillierten Untersuchung über Zeitnutzung von Jugendlichen ausgewertet und unter der Kategorisierung (vgl. Kapitel 2.8) „Unterrichtszeit", „Zeit in der Schule", „schulbezogene Zeit" und „außerschulische Freizeit (nicht schulbezogene Zeit)" analysiert. Um die Zeitnutzung von Jugendlichen in Deutschland und in China umfassend vergleichen und die Hypothesen überprüfen zu können, wurden drei Dimensionen des Vergleichs ausgewählt. Die Tabelle 5.1 gibt einen Überblick über diese drei Dimensionen und Variablen der Zeitnutzung von Jugendlichen.

Tab. 5.1: Variablen der Zeitnutzung von Jugendlichen

Dimensionen	Kategorien	Variablen
Zeit in der Schule	Unterrichtszeit	✧ Fächer A ✧ Fächer B ✧ Gesamtunterrichtszeit
	Außerunterrichtliche Pflichtzeit	✧ Pause zwischen Unterrichtsstunden ✧ Gymnastik, Augenpflege, Reinigung, Kontrolle, Morgenlesen
	Freiwillige Zeit in der Schule	✧ Arbeitsgemeinschaft ✧ Vertiefte Lerngruppe
Schulbezogene Zeit	Außerschulische Lernzeit	✧ Lernzeit zu Hause ✧ Lernen mit Freunden ✧ Nachhilfe
Außerschulische Freizeit	Familiengebundene Freizeit	✧ Mithilfe bei Haushaltspflichten
	Geregelte Freizeit	✧ Zeit für Mediennutzung ✧ Freizeitaktivitäten außer Mediennutzung ✧ In einem Verein und Privatunterricht
	Ungebundene Freizeit	✧ Gespräch mit Eltern ✧ Freizeitaktivitäten mit Eltern ✧ Freizeit mit Gleichaltrigen

5.1 Zeit in der Schule

5.1.1 Zeit in den untersuchten chinesischen Schulen

In diesem Teil wird versucht, die Frage zu beantworten, inwieweit die Schule in China die Zeitnutzung der Jugendlichen prägt, und in welcher Art und Weise diese Zeit von der Schule ausgefüllt wird.

Bei der Beschreibung des „arbeitenden Lernen" (Brinkmann/Peters/Stokes, 1991, S. 21) konzentrieren wir uns auf chinesischen Schulen mit Ganztagsunterricht, die von schulpflichtigen Schülern besucht werden.

5.1.1.1 Das Schuljahr

Die Unterrichtsjahre sind die Zeit zwischen tatsächlichem Beginn und Ende eines Schuljahres. Die Dauer der Unterrichtsjahre wird durch die Ferien festgelegt (Döbrich/Huck/Schmidt, 1990. S.13).

Ferien und Feiertage

Das Schuljahr geht offiziell vom 1. September bis zum 31. August (vgl. Kapitel 3.1.1.2) und ist verringert um die Samstage, Sonntage, Staatsfeste und die Ferien. Bei einem Interview bei vier Lehrern von der jeweiligen untersuchten Schule stellt man fest, dass sie die Ferien gleich einschätzen. Die von den Lehrern in den vier untersuchten Schulen im Schuljahr 2004/05 empfohlenen Daten werden in Tab. 5.2 gezeigt.
In jedem Jahr wird die Zeit der Ferien durch die Behörde der Provinz für Erziehung und Hochschulerziehung (vgl. Kapitel 3.2.2.3) mit bestimmten Vorschriften festgelegt. Die chinesischen Schüler haben zweimal im Jahr Ferien, nämlich Sommerferien und Winterferien. Von den Staatlichen Feiertagen fallen drei in die Zeit Schuljahres: der Tag der Arbeit (01.05–07.05); Staatsfeiertag (01.10–07.10); Neujahr (01.01–02.01). Nach den geltenden Vorschriften sollen keine Kirchenfeste in den Schulen stattfinden.

Tab. 5.2: Die von den Lehrern in den vier untersuchten Schulen im Schuljahr 2004/05 empfohlenen Daten

Ferien und allgemeine Feiertage	Zeitraum	Tage
Sommerferien	20.07.05–31.08.05	43 Tage
Winterferien	19.01.05–01.03.05	41 Tage
Neujahr	01.01.05–02.01.05	2 Tage
Der Tag der Arbeit	01.05.05–07.05.05	7 Tage
Staatsfeiertag	01.10.04–07.10.04	7 Tage
Die anderen freien Samstage und Sonntage	01.09.04–31.08.05	70 Tage

Anmerkung: Von den Sommerferien, Winterferien, und Staatsfesten wurden keine Samstage und Sonntage abgezogen.

Unterrichtstage

In China ergeben sich insgesamt die theoretischen 170 Schulfreien Tage, und man muss sie von den 365 Tagen des normalen Jahres für das Schuljahr abziehen. Somit umfasst das Schuljahr in China theoretisch *195 Unterrichtstage*. In jedem Jahr kann diese Zahl kleineren Änderungen von der Schulbehörde unterworfen sein, die nicht mehr als ein bis zwei Tage umfassen.

5.1.1.2 Der Schultag

5.1.1.2.1 Morgen

In allen chinesischen Schulen gibt es montags auf dem Schulhof eine gesamtschulische Morgenversammlung. Das morgendliche Treffen der ganzen Schule findet in den meisten Schulen zwischen 7:30 bis 7:40 Uhr statt. Bei diesem Treffen wird zuerst die Staatsflagge aufwärts bewegt, die Schüler hören die Staatshymne und zu gleicher Zeit richten sie ihr Augenmerk auf die Staatsflagge. Danach hält der Schuldirektor eine regelmäßige Ansprache, die meist Lerneifer und Ordnungswillen betonen, oder über kommende Schulereignisse informieren.
Vor dem ersten Klingeln des Schultages kommen die Schüler, meistens 2 bis 4 Schüler jeden Tag als eine Gruppe in der Reihenfolge der Sitzreihen, 20 Minuten früher in die Schule zum Tagesdienst der Klassenreinigung. Der eigentliche Schultag beginnt mit dem ersten Klingeln in den Schulen a, b und c um 7:40 Uhr, in der Schule d um 7:30 (vgl. Tab. 5.3, 5.4, 5.5, S. 110, 112, 113). Eine darauffolgende fünf- bis zehnminütige morgendliche Klassenversamm-

lung bzw. Vorbereitungsphase in allen Schulklassen leitet den Schultag ein. Während dieser Vorbereitungsphase wird die personale Kontrolle gemacht. D.h. der Lehrer meldet jeden Morgen an, wer anwesend ist. Nach der Kontrolle wird entweder über besondere Ereignisse wie Schulfest, große sportlichen Veranstaltungen, Unterrichtsausfall informiert oder es werden neue Unterrichtsmaterialien verteilt. Diese Vorbereitungsphase wird in den Stundenplänen manchmal auch als Morgenlesen bezeichnet (siehe Tab. 5.3, 5.4). Das bedeutet, dass nach der Regelmäßigkeit der personalen Kontrolle ein gemeinsames Lesen durchgeführt wird.

5.1.1.2.2 Vormittag und Mittag

Die Zeiteinteilungen differieren im Detail von Schule zu Schule. Der eigentliche Unterricht beginnt zwischen 7:40 und 7:50 Uhr. Der Vormittag ist also für fast alle Schultypen im wesentlichen auf gleiche Weise organisiert: vier Unterrichtsstunden. Die generell übliche Unterrichtszeit ist 45 Minuten. Vierzigminütiger Unterricht wird an der Schule d experimentell erprobt. Entsprechend variieren dann auch die Stundenzahlen und die Länge der Mittagspause (vgl. Tab. 5.3, 5.4, 5.5). In verschiedenen Wochenplänen variieren auch die Abschlusszeiten der letzten vormittäglichen Unterrichtsstunde zwischen 11:35 und 12:00 Uhr.

Auf dem Vormittagsunterricht folgt die Mittagspause. Es gibt an den untersuchten Schulen eine unterschiedliche Dauer der Pause. Die Dauer dieser Mittagspause beträgt zwischen 75 und 90 Minuten. Die Schulen haben meistens keine Schulküche, und es wird kein Mittagessen angeliefert. Die Schüler, die in der Nähe der Schulen wohnen, gehen zum Mittagessen nach Hause. Entweder bringen sich die anderen Schüler ihre Lunchpakete mit, in dem Wasserraum wird ihr Essen warm gemacht, wo man heißes Wasser kochen kann, und sie essen direkt in der Klasse, oder sie versorgen sich am kleinen schuleigenen Kiosk. Die Zeit für das Essen in den Schulen beträgt normalerweise 30 Minuten.

5.1.1.2.3 Nachmittag

Eine fünf- bis zehnminütige zweite Kontrollphase in allen Schulklassen leitet den Nachmittagsunterricht ein. Während dieser Phase wird von den Lehren nochmals eine personale Kontrolle durchgeführt.
Die Anfangzeiten der ersten Unterrichtsstunde am Nachmittag liegen zwischen 13:00 und 13:20 Uhr (vgl. Tab. 5.3, 5.4, 5.5).
Die übliche Unterrichtsschluss liegt zwischen 16:30 und 17:00 Uhr. Um diese Zeit müssen alle Schüler in der Regel die Schule verlassen. Die eigentliche Schließung des Schulgebäudes erfolgt erst mindestens eine Stunde später. Nicht jede Mittelschule ist so streng wie die beispielhaft Beschriebene, wo das Verlassen von den Lehren kontrolliert wird.

An der Schule a liegt die Zeit für das tägliche Putzen auch in der Mittagspause innerhalb des Klassenzimmers, die maximal 30 Minuten dauert.

Tab. 5.3: Wochenplan der Schule a

Std.	Zeitraum	Zeit(Minuten)	Aktivitäten der Schüler	Pause zwischen dem Unterricht
	7.40–7.45	5 Min.	Kontrolle	
1	7.45–8.30	45 Min.	Unterricht	
2	8.40–9.25	45 Min.	Unterricht	10 Min.
	9.25–9.30	5 Min.	Augenpflege	
	9.40–9.55	15 Min.	Gymnastik	
3	9.55–10.40	45 Min.	Unterricht	
4.	10.50–11.35	45 Min.	Unterricht	10 Min.
	11.35–12.55	80 Min.	Mittagspause	
	12.20–12.50		Reinigung	
	12.55–13.00	5 Min.	Kontrolle	
5.	13.00–13.45	45 Min.	Unterricht	
	13.45–13.50	5 Min.	Gymnastik	
6.	14.00–14.45	45 Min.	Unterricht	10 Min.
7.	14.55–15.40	45 Min.	Unterricht	10 Min.
8.	15.50–16.30	45 Min.	Unterricht	10 Min.

Tab. 5.4: Wochenplan der Schulen b und c

Std.	Zeitraum	Zeit(Minuten)	Aktivitäten der Schüler	Pause zwischen dem Unterricht
	7.20–7.40	20 Min.	Reinigung	
	7.40–7.50	10 Min.	Kontrolle und Morgenlesen	
1	7.50–8.35	45 Min.	Unterricht	
2	8.45–9.30	45 Min.	Unterricht	10 Min.
	9.40–10.00	20 Min.	Gymnastik	10 Min.
3	10.00–10.45	45 Min.	Unterricht	
	10.45–10.50	5 Min.	Augenpflege	
4.	11.00–11.45	45 Min.	Unterricht	10 Min.
	11.45–13.15	90 Min.	Mittagspause	
	13.15–13.25	5 Min.	Kontrolle	
5.	13.25–14.10	45 Min.	Unterricht	
6.	14.20–15.05	45 Min.	Unterricht	10 Min.
7.	15.20–16.05	45 Min.	Unterricht	15 Min.
8.	16.15–17.00	45 Min.	Unterricht	10 Min.

Tab. 5.5: Wochenplan der Schule d

Std.	Zeitraum	Zeit(Minuten)	Aktivitäten der Schüler	Pause zwischen dem Unterricht
	7.30–7.40	10 Min.	Reading in the Morning	
1	7.40–8.20	40 Min.	Unterricht	
2	8.30–9.10	40 Min.	Unterricht	10 Min.
3	9.20–10.00	40 Min.	Unterricht	10 Min.
	10.00–10.05	5 Min.	Augenpflege	
	10.10–10.30	20 Min.	Gymnastik	5 Min.
4	10.30–11.10	40 Min.	Unterricht	
5	11.20–12.00	40 Min.	Unterricht	10 Min.
	12.00–13.15	75 Min.	Mittagspause	
	13.15–13.20	5 Min.	Kontrolle	
6	13.20–14.00	40 Min.	Unterricht	
7	14.10–14.50	40 Min.	Unterricht	10 Min.
	14.50–14.55	5 Min.	Gymnastik	
8	15.05–15.45	40 Min.	Unterricht	10 Min.
9	15.55–16.35	40Min.	Unterricht	10 Min.

Tab. 5.6 Stundentafeln in den vier untersuchten Schulen in China

Unterrichtsfächer	Wochenstunden in der Schule a (je 45 Minuten)	Wochenstunden in der Schule b (je 45 Minuten)	Wochenstunden in der Schule c (je 45 Minuten)	Wochenstunden in der Schule d (je 40 Minuten)
Hauptfächer				
Chinesisch	6	5	5	6
Mathematik	6	6	5	6
Englisch	6	6	5	6
Physik	3	4	3	4
Biologie	2	2	'2	1
Politik	2	1	2	2
Nebenfächer				
Sport	2	2	2	2
Geschichte	2	2	1	3
Gesundheit	-	1	1	1
Sozial	-	-	1	-
Handarbeiten	1	-	-	-
Leben	-	-	-	1
Zeichnen	1	1	1	1
Musik	1	1.	1	1
Selbstlernstunden*	8	9	11	11
Summe pro Woche	40	40	40	45

Anmerkung: *„Selbstlernstunden" bedeutet, dass die Schüler in der klasse ohne Lehrer lernen. Manchmal sind auch in dieser Zeit Lehrerstunden.

5.1.1.3 Stundentafel

Die Curricula sind in den untersuchten Schulen in zwei Bereiche aufgeteilt: Hauptfächer und Nebenfächer (siehe Tab. 5.6).
Die gesamte Unterrichtszeit, die außerunterrichtliche Pflichtzeit und die Mittagspausenzeit in den chinesischen Schulen wurden anhand der Stundenpläne und der Schuljahrespläne der untersuchten Schulen errechnet. Die Tabelle 5.7 zeigt die Ergebnisse:

Tab. 5.7 Berechnung im Vergleich

Schule	Gesamtunterrichtszeit/ Tag (Minuten)	Außerunterrichtliche Pflichtzeit/Tag(Minuten)	Mittagspause/Tag
a	360 Min.	85 Min.	80 Min.
b	360 Min.	125 Min.	90 Min.
c	360 Min.	125 Min.	90 Min.
d	360 Min.	110 Min.	75 Min.

5.1.2 Zeit in den untersuchten deutschen Schulen

5.1.2.1 Das Schuljahr

Ferien

Die tatsächliche Anzahl der Schultage ist in den einzelnen Bundesländern unterschiedlich, d. h. die Länge eines Schuljahres variiert je nach Bundesland, die Bundesländer haben teilweise unterschiedliche Ferien und Feiertage. In den untersuchten Schulen geht das Schuljahr vom 13.September bis 27. Juli.

In der Tabelle 5.8 wurde die Ferienregelung für die Zielgruppe der untersuchten Schulen im Schuljahr 2004/05 dargestellt. Die Dauer eines Schuljahres beträgt in der Regel 40 Wochen. Es gibt sechs Ferientermine für die Schüler in Tübingen, die Herbstferien, Weihnachtsferien, Winterferien, Osterferien, Pfingstferien, Sommerferien heißen. Die Sommerferien umfassen eine Periode von sechs Wochen, die um drei oder vier Tage verlängert werden können.

Tab. 5.8: Ferientermine des Schuljahrs 2004/2005

Herbstferien	(vom 30.10.–07.11.)
Weihnachtsferien	(vom 22.12.–09.01.)
Winterferien	(vom 05.02.–13.02.)
Osterferien	(vom 24.03.–03.04.)
Pfingstferien	(vom 14.05.–29.05.)
Sommerferien	(vom 28.07.–10.09.)

Feiertage und Unterrichtstage

Neben den Ferien gibt es in Baden-Württemberg die allgemeinen Feiertage, an denen schulfrei ist. Diese Feiertage sind für die Gesamtdauer der Schultage relevant, da sie auf einem Werktag liegen bzw. liegen können. Sie verkürzen die Gesamtzahl an Unterrichtstagen. In Tabelle 5.9 werden die für die allgemeinen Feiertage im Schuljahr 2004/2005 empfohlenen Daten dargestellt.
Der Unterricht an den Schulen in Baden-Württemberg kann an 5 oder 6 Tagen in der Woche erfolgen. In Schulen mit 6-Tage-Woche sind im Monat 2 Samstage frei. Der Unterricht findet in den Klassen der untersuchten Schulen in Form der 5-Tage-Woche statt. Danach ergibt sich folgende theoretische Bestimmung des Schuljahres wobei von 365 Tagen des normalen Jahres die schulfreien Tage für das Schuljahr abzuziehen sind (siehe Tab. 5.10). In Tabelle 5.9 wird aufgezeigt, dass das Schuljahr in Deutschland theoretisch insgesamt 179 Tage Schulfreie Tage umfasst, bzw. *186 Unterrichtstage.*

Tab. 5.9: Allgemeine Feiertage

Neujahr (01.01)

Heilige Drei Könige (06.01)

Fastnacht (08.02)

Gründonnerstag; Karfreitag; Osternsonntag und Osternmontag (24.03– 28.03)

Tag der Arbeit (01.05)

Himmelfahrt (05.05)

Pfingstsonntag und Pfingstmontag (15.05–16.05)

Fronleichnam (26.06)

Tag der Einheit (03.10)

Allerheiligen (01.11)

Heilig Abend; 1. Weihnachtsfeiertag; 2. Weihnachtsfeiertag (24.12–26.12)

Tab. 5.10: Berechnung der Unterrichtstage

Sommerferien	45 Tage
Herbstferien	9 Tage
Weihnachtsferien	19 Tage
Winterferien	9 Tage
Osterferien	11 Tage
Pfingstferien	16 Tage
staatliche Feste	2 Tage
andere kirchliche Feste	3 Tage
Samstage und Sonntage	65 Tage

Schulfreie Tage insgesamt (theoretisch) 179 Tage

Unterrichts Tage (theoretisch) 186 Tage

5.1.2.2 Stundentafeln

Der Gesamtumfang der Unterrichtsstunden in der Sekundarstufe I von Klasse 8 in Tübingen beträgt 31 bis 34 Stunden pro Woche. Die Schulzeiten in den untersuchten Schulen A und B werden in den Tabellen 5.11 und 5.12 dargestellt. Tabelle 5.13 zeigt, wie die Stundentafel in den Schulen A und B aussieht.

Gymnasien C und D

Schüler, die ab dem Schuljahr 2004/05 in Baden-Württemberg in ein Gymnasium eingeschult werden, besuchen nur noch 8 Jahre das Gymnasium. Jedes Gymnasium kann jetzt im Rahmen von gewissen Vorgaben selbstständig die 194 Unterrichtsstunden in den verschieden Fächern auf die 6 Schuljahre verteilen. Zusätzlich können im Laufe dieser Zeit weitere 12 Pool-Stunden zur Stärkung von einzelnen Fächern oder zum Erreichen von übergeordneten Zielen verteilt werden.

Die zweite Fremdsprache (Französisch oder Latein) beginnt am Gymnasium D, zumindest in den nächsten Jahren, erst (bzw. schon) in der 6. Klasse. Alle SchülerInnen in allen Profilen haben in allen Fächern die gleiche Stundenzahl. Die drei verschieden Profile unterscheiden sich nur in den unterschiedlichen Profilfächern: Naturwissenschaft und Technik (NWT) oder 3. Fremdsprache (Französisch oder Spanisch) oder Musik. Schüler, die ab Klasse 8 Musik als

Profilfach wählen wollen, haben in den Klassen 5–7 jeweils eine Stunde zusätzlich Musikunterricht.

Tab. 5.11: Wochenplan der Schule A

Std.	Zeitraum	Zeit(Minuten)	Aktivitäten der Schüler	Pause zwischen dem Unterricht
1	7.45–8.30	45 Min.	Unterricht	
2	8.30–9.15	45 Min.	Unterricht	
3	9.30–10.15	45 Min.	Unterricht	15 Min.
4	10.15–11.00	45 Min.	Unterricht	
5	11.15–12.00	45 Min.	Unterricht	15 Min.
6	12.00–12.45	45 Min.	Unterricht	
	12.45–13.30	45 Min.	Mittagspause	
7	13.30–14.15	45 Min.	Unterricht	
8	14.15–15.00	45 Min.	Unterricht	
9	15.00–15.45	45 Min.	Unterricht	

Tab. 5.12: Wochenplan der Schule B

Std.	Zeitraum	Zeit(Minuten)	Aktivitäten der Schüler	Pause zwischen dem Unterricht
1	7.45–8.30	45 Min.	Unterricht	
2	8.30–9.15	45 Min.	Unterricht	
3	9.30–10.15	45 Min.	Unterricht	15 Min.
4	10.15–11.00	45 Min.	Unterricht	
5	11.15–12.00	45 Min.	Unterricht	15 Min.
6	12.00–12.45	45 Min.	Unterricht	
	12.45–14.00	75 Min.	Mittagspause	
7	14.00–14.45	45 Min.	Unterricht	
8	14.45–15.30	45 Min.	Unterricht	
9	15.30–16.15	45 Min.	Unterricht	

Tab. 5.13: Stundentafeln in der Schule A und der Schule B

Unterrichtsfächer in der Schule A	Wochenstunden in der Schule A	Unterrichtsfächer in der Schule B	Wochenstunden in der Schule B
Hauptfächer			
Mathematik, Englisch, Deutsch und MUM/NUT/Französisch	4+4+3+3=14	Mathematik, Englisch, Deutsch	14
Nebenfächer			
Chemie/Biologie, Physik, Musik, Geschichte, ItG, Erdkunde, Sport, Gk, Region/Ethik, Klassenstunde	2+2+2+2 +2+1+4 +1+2+1=19	Erdkunde, Gk, Geschichte, MSG, Religion/Ethik, MNT, WAG	19
Summe	33		33

Anmerkung: MUM: Menschen und Umwelt; NUT: Naturwissenschaft und Technik; ItG: informationstechnische Grundkenntnisse; Gk: Gemeinschaftskunde; MSG: Musik und Sportgestaltung; MNT: Biologie, Chemie, Physik; WAG: Weltarbeit Gesellschaft.

Die normale Stundentafel und der Wochenplan in den Gymnasien D und C für die Klasse 8 werden in der Tabelle 5.14 und 5.15 dargestellt.
Die gesamte Unterrichtszeit sowie die außerunterrichtliche Pflichtzeit in den deutschen Schulen wurde anhand der Stundenpläne und der Schuljahrespläne der untersuchten Schulen errechnet. Die Tabelle 5.16 zeigt die Ergebnisse:

Tab. 5.14: Stundentafel in den Gymnasien C und D

Fächern	Wochenstunden im Gymnasium D	Wochenstunden im Gymnasium C
Deutsch	4	4
Englisch	4	4
Mathematik	5	4
2. Fremdsprache	5 (F oder L)*	4 (L)*
3. Fremdsprache	-	5 (F oder G)**
Geschichte	2	2
Region/Ethik	1	2
Sport	3	3
Musik	1	-
Physik	2	2
Erdkunde	2	1
Biologie	1	-
Chemie	-	2
Bildende Kunst	1	1
Summe	**31**	**34**

Anmerkung: *F = Französisch; L= Latein; **G = Griechisch

Tab. 5.15: Wochenplan der Schulen C und D

Std.	Zeitraum	Zeit(Minuten)	Aktivitäten der Schüler	Pause zwischen dem Unterricht
1	7.50–8.35	45 Min.	Unterricht	
2	8.40–9.25	45 Min.	Unterricht	5 Min.
3	9.40–10.25	45 Min.	Unterricht	15 Min.
4	10.30–11.10	45 Min.	Unterricht	5 Min.
5	11.20–12.05	45 Min.	Unterricht	10 Min.
6	12.10–12.55	45 Min.	Unterricht	5 Min.
	12.55–13.45	50 Min.	Mittagspause	
7	13.45–14.30	45 Min.	Unterricht	
8	14.35–15.20	45 Min.	Unterricht	5 Min.
9	15.25–16.10	45 Min.	Unterricht	5 Min.
10	16.25–17.10	45 Min.	Unterricht	15 Min.
11	17.15–18.00	45 Min.	Unterricht	5 Min.

Tab. 5.16: Berechnung im Vergleich

Schule	Gesamtunterrichtszeit/ Tag (Minuten)	Außerunterrichtliche Pflichtzeit/Tag (Minuten)	Mittagspause/ Tag
A	297 Min.	30 Min.	45 Min.
B	297 Min.	30 Min.	75 Min.
C	306 Min.	70 Min.	50 Min.
D	279 Min.	70 Min.	50 Min.

5.1.3 Freiwillig verbrachte Zeit in der Schule in beiden Ländern

Neben den Unterrichtsstunden und Aktivitäten in den außerunterrichtlichen Pflichtstunden haben 59,1% der chinesischen Schüler der untersuchten Schulen geantwortet, dass sie nach dem Unterricht noch in der Schule sein sollen. 34,2% von ihnen müssen durchschnittlich 20,7 Minuten wöchentlich putzen. 17,3% der Schüler nehmen an „Beilei" – eine vertiefte Lerngruppe in verschiedenen Fächern nur für Stärkeleistungsschüler, z. B. Chinesisch, Mathematik, Englisch, Musik, Malen usw. – teil. Die Durchschnittsdauer der Aktivitäten in dieser Gruppe beträgt 1 Stunde. Die anderen Schüler, die nach dem Unterricht noch in der Schule sind, sind entweder in einer Sportgruppe (Basketball, Volleyball und Fitness) – die Durchschnittsdauer ist *2,08* Stunden wöchentlich, nur 2,2% der Schüler – oder in einer 2-stündigen hoch speziellen Lerngruppe – sehr wenige Schüler dürfen an dieser Gruppe teilnehmen. Noch 2 Schüler von allen befragten Schülern besuchen zwei Lerngruppen in der Schule für mehr 2 Stunden.

In den deutschen Schulen werden regelmäßige Arbeitsgemeinschaften (vgl. Teil 5.1.4) und Sportturniere angeboten. 32,2% der Schüler erhalten irgendwelche Aktivitäten, wie Arbeitsgemeinschaften, Sport, Schülerverwaltung, Schulkioskverkauf, u. ä.. Die Durchschnittsdauer beträgt pro Woche *1,66* Stunden.

5.1.4 Zusammenfassung

„Zeit in der Schule" im Vergleich der untersuchten deutschen und chinesischen Schulen

Die Jugendlichen in Deutschland und in China unterscheiden sich hinsichtlich der zeitlichen Belastung:
- Das Schuljahr in China umfasst theoretisch 195 Unterrichtstage, während es in Deutschland 186 Unterrichtstage sind.
- Die Unterrichtszeit wird in den obigen Berechnungen aus Komponenten zusammengesetzt, die mit dem Unterricht in direktem Zusammenhang stehen. In Deutschland ergab sich eine tägliche Gesamtunterrichtszeit 4,65 bis 5,1 Stunden, für Hauptschüler und Realschüler 4,95 Stunden, für Gymnasiasten 4,65 und 5,1 Stunden. Die tägliche Gesamtunterrichtszeit beträgt in allen chinesischen untersuchten Schulen 6 Stunden.
- Die chinesischen Schüler müssen täglich mindestens von 7,42 bis 8,08 Stunden (Gesamtunterrichtszeit plus außerunterrichtliche Pflichtzeit, ohne Mittagspause) in der Schule bleiben, während in Deutschland nur von 5,45 bis 6,27 Stunden.
- Nach dem Unterricht sollen die chinesischen Schüler (59,1% der Schüler) noch in der Schule sein, entweder wegen Klassenreinigung (oder große Schulereinigung), „Beileigruppe" – eine vertiefte Lerngruppe, Sportgruppe oder hoch spezielle Lerngruppe. In den deutschen Schulen werden regelmäßige Arbeitsgemeinschaften und Sportturniere angeboten. 32,2% der Schüler erhalten irgendwelche Aktivitäten nach dem Unterricht. „Arbeitsgemeinschaften spielen an Schulen eine zentrale Rolle im pädagogischen Konzept, weil sie einerseits Ausdruck vielfälti-

ger Lern- und Erfahrungsmöglichkeiten sind und andererseits eine Form sinnvoller Freizeitgestaltung darstellen" (Demmer/Elbeck/Höhmann/ Schmerr, 2005, S. 16).
> Die gesamte Unterrichtszeit und außerunterrichtliche Pflichtzeit in der Schule im Jahr wurde anhand der Stundenpläne und der Schuljahrespläne der untersuchten Schulen errechnet. Die Abb. 5.1 zeigt die Ergebnisse. Sowohl die Unterrichtzeit von den gleichen Hauptfächern A als auch von den anderen Fächern B (die meisten sind praxisorientierte Fächer) in chinesischen Schulen ist offensichtlich länger als in deutschen Schulen. Der gymnasiale Lehrplan stellt zeitlich höhere Ansprüche an deutsche Schüler.

Der beträchtliche Unterschied der gesamten Pflichtzeit in der Schule wird zwischen beiden Ländern durch die außerunterrichtlich verbrachte Pflichtzeit verursacht. Die außerunterrichtlich verbrachte Zeit in deutschen Schulen bezieht sich hauptsächlich auf Pausenzeit, während in chinesischen Schulen diese Zeit für verschiedene Aktivitäten eingesetzt wird, wie gesamtschulische Morgenversammlung, Tagesdienst der Klassenreinigung, personale Kontrolle, Morgenlesen, Gymnastik und Augenpflege usw. Dieser Unterschied zeigt, dass die chinesische Schule durch die umfassendere zeitliche Einbindung als Lebensschule stärkere sozialisierende Kräfte besitzt als die deutsche Schule als Lerninstitut.

Abb. 5.1: Unterrichtszeit und außerunterrichtliche Pflichtzeit in der Schule pro Schuljahr in Zeitstunden

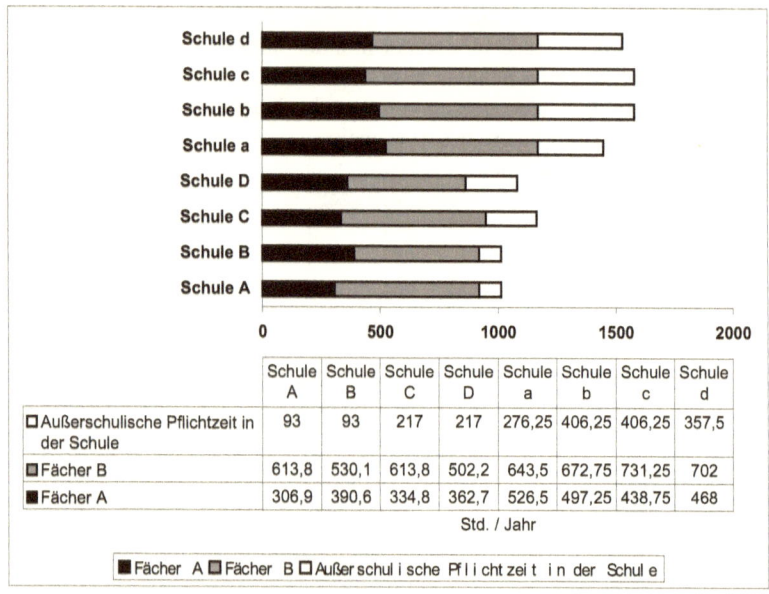

Anmerkungen:
- Die Schulen A, B, C und D sind die untersuchten deutschen Schulen; die Schulen a, b, c und d sind die chinesischen Schulen
- Fächer A sind die gleichen Hauptfächer in beiden Ländern, nämlich Deutsch (Chinesisch) Englisch und Mathematik.
- Die Unterrichtsstunden wurden in normale „Zeitstunden" – 60 Minuten – umgerechnet.

5.2 Schulbezogene Zeit im Ländervergleich

Hier handelt es sich um die Zeitnutzung von Jugendlichen in Hinblick auf schulbezogene Aktivitäten. Die Frage lautet, wie sich die Lernzeit außerhalb der Schule zwischen beiden Ländern unterscheidet.

Die Tabelle 5.17 zeigt die durchschnittliche Lernzeit außerhalb der Schule in beiden Ländern. Da die Stichprobe dieser Untersuchung ein "Judgement Sampling" ist, das sich nicht auf die Grundgesamtheit bezieht, lässt sich mit $P<,000$ mindestens vermuten, dass sich die Mittelwerte beider Stichproben unterscheiden. Das Ergebnis des t-Tests zeigt, dass bei chinesischen Jugendlichen die Lernzeit außerhalb der Schule größer als bei deutschen ist. Die „Lernzeit allein zu Hause" der deutschen Jugendlichen beträgt wöchentlich

4,984 Stunden (SD=3,810), in China dagegen 17,098 Stunden (SD=15,72). Die „Lernzeit mit Freunden" beträgt 0,59 Stunden (Sd=0,85) in Deutschland, 6,4 Stunden (SD=12,8873) in China.

Tab. 5.17: Lernen außerhalb der Schule (Stunden/Woche)

	Deutschland		China		Kulturvergleich			
	M	SD	M	SD	t		F	
Lernzeit allein zu Hause	4,984	3,810	17,098	15,72	-9,135	p<,000	47,778	p<,000
Lernzeit mit Freunden	0,59	0,85	6,4	12,887	-5,437	p<,000	88,405	p<,000
Nachhilfe	0,241	0,620	6,0911	7,8079	-8,999	p<,000	40,931	p<,000

Es gibt noch einen weiteren großen Unterschied: In China nehmen 84,4% der Schüler Nachhilfe wahr. Von den deutschen Jugendlichen gaben dagegen nur 19,8% der Schüler an, dass sie Nachhilfeunterricht wahrnehmen. Das bedeutet, dass nur ein Teil der deutschen Jugendlichen außerschulische Lernhilfe nachfragt, während in China die Mehrheit der Jugendlichen im institutionell festgesetzten Zeitrahmen zum Lernen außerhalb der Schule geführt wird. Die durchschnittliche Nachhilfeunterrichtszeit der chinesischen Jugendlichen beträgt 6,0911 Stunden pro Woche (SD=7,8079), während die der deutschen nur 0,241 Stunden (SD=0,620) beträgt.

5.3 Außerschulische Freizeit im Ländervergleich

Hier handelt sich um jugendliche Zeitnutzung für Freizeitaktivitäten. Es wird in diesem Teil beantwortet, wie sich die Zeiten für familiengebundene Freizeitaktivitäten, geregelte Freizeitaktivitäten und freie Freizeitaktivitäten unterscheiden.

5.3.1 Familiengebundene Freizeit (Zeit für Mithilfe bei Haushaltspflichten)

Wie viel Zeit wenden Jugendliche für Verpflichtungen im Elternhaus auf? Die Tabelle 5.18 stellt den durchschnittlichen Zeitaufwand der Mithilfe im Haushalt pro Tag und die Ergebnisse des t-Tests dar.

Wie die Daten zeigen, helfen deutsche Jugendliche zu Hause *nicht signifikant länger* mit als chinesische. Der durchschnittliche Zeitaufwand für die Mithilfe im Haushalt pro Tag unterscheidet sich wenig, jedoch ist die Varianz in China größer als in Deutschland.

Interessanterweise existiert in beiden Ländern kein Unterschied des Zeitaufwands für häusliche Verpflichtungen zwischen den Geschlechtern.

5.3.2 Geregelte Freizeit

5.3.2.1 Mediennutzung

Welche Medien von Jugendlichen beider Länder bevorzugt werden, wird in der Abbildung 5.2 dargestellt. Die Fragen lauteten z. B. „Wie lange siehst du fern pro Tag". In beiden Ländern sehen Jugendliche gerne fern und hören gerne Musik. Jedoch wird auch deutlich, dass die Mediennutzung auch die unterschiedliche Geschmacksbildung der Jugendkulturen des jeweiligen Landes widerspiegelt: Deutsche hören gerne Musik oder Radio, während in China Zeitungen und Fernsehen populär sind.

Tab. 5.18: Der durchschnittliche Zeitaufwand der Mithilfe zu Hause pro Tag in Deutschland und in China nach Geschlechtern in Stunden

	Deutschland				China			
	W	M	t-Werte zwischen Geschlechtern	alle	W	M	t-Werte zwischen Geschlechtern	alle
WT	0,740	0,960	1,199 $P<,233$	0,835	1,110	0,97	0,494 $P<,622$	1,035
WE	1,120	0,997	1,099 $P<,275$	1,066	1,259	1,09	0,741 $P<,459$	1,17
Kulturvergleich t-Werte								
$t=-1,066$ $p<,287$								
$t=-0,635$ $p<,526$								

Abb. 5.2: Mediennutzungsdauer

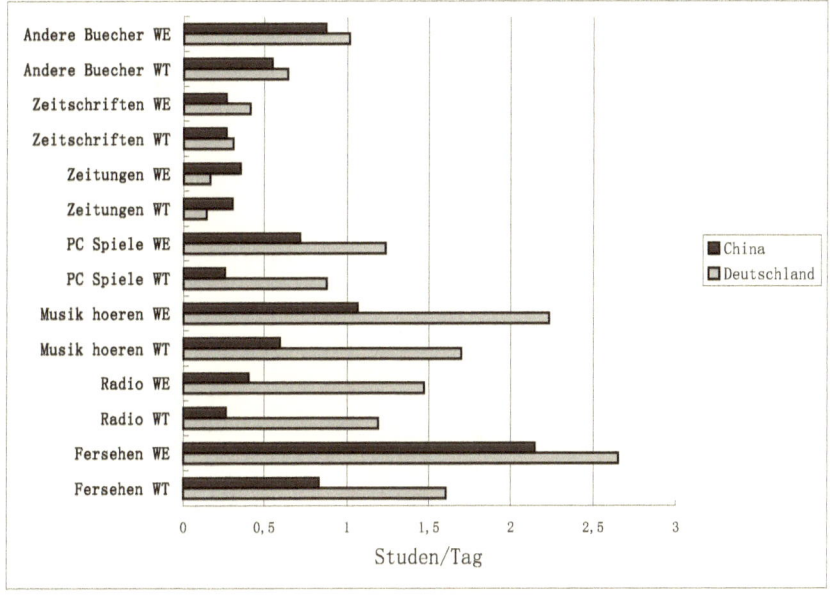

Die Tabelle 5.19 stellt die genaue Mediennutzungsdauer von Jugendlichen beider Ländern dar.

Tab. 5.19: Mediennutzungsdauer

	Deutschland		China		Kulturvergleich			
	M	SD	M	SD	t		F	
Fernsehen WT	1,604	1,339	0,830	0,951	6,472	p<,000	12,368	p<,000
Fernsehen WE	2,651	2,100	2,144	1,808	2,452	p<,015	2,588	p<,109
Radio WT	1,190	1,715	0,264	0,511	7,544	p<,000	29,313	p<,000
Radio WE	1,469	2,266	0,404	0,835	6,312	p<,000	59,579	p<,000
Musik WT	1,698	1,655	0,593	0,855	8,305	p<,000	43,458	p<,000
Musik WE	2,231	2,618	1,064	1,344	5,558	p<,000	23,786	p<,000
PC Spiele WT	0,875	1,801	0,258	0,750	4,522	p<,000	18,887	p<,000
PC Spiele WE	1,235	1,954	0,715	1,250	3,071	p<,002	9,477	p<,002
Zeitungen WT	0,141	0,242	0,304	0,426	-4,175	p<,000	9,191	p<,003
Zeitungen WE	0,162	0,293	0,354	0,463	-4,405	p<,000	12,537	p<,000
Zeitschriften WT	0,309	0,412	0,264	0,401	1,014	p<,311	1,268	p<,261
Zeitschriften WE	0,414	0,527	0,264	0,401	3,309	p<,003	16,217	p<,000
Bücher WT	0,640	0,966	0,548	0,818	0,967	p<,334	4,121	p<,043
Böcher WE	1,015	1,348	0,874	1,126	1,078	p<,282	5,607	p<,018

Anmerkung: „WT"= Wochentags   „WE"= Wochenende

Laut der Ergebnisse des t-Tests sind die Medien, die die deutschen Jugendlichen länger nutzen, Fernsehen, Radio, Musik und PC Spiele WT, Zeitschriften WE, während es bei den chinesischen Jugendlichen nur Zeitungen und Zeitschriften WE sind. Die Nutzungsdauer von Zeitschriften WT und Büchern fällt bei den Jugendlichen beider Länder kaum unterschiedlich aus. Wenn die Nutzungsdauer der einzelnen Medien addiert wird, ergeben sich für deutsche Jugendliche 6,457 Stunden an einem Wochentag und für chinesische 3,061 Stunden. Am Wochenende beträgt diese 9,177 Stunden pro Tag für deutsche Jugendliche und 5,819 Stunden für chinesische Jugendliche. Festzuhalten bleibt aber, dass diese Werte aufgrund der subjektiven Einschätzung der Jugendlichen gewonnen wurden. Da nicht alle einzelnen Medien jeden Tag benutzt werden können, ist zu erwarten, dass diese Dauer beträchtlich überschätzt worden ist.

Nach den Ergebnissen des t-Tests ist anzunehmen, dass die Dauer der Mediennutzung von *chinesischen Jugendlichen kürzer als die der deutschen* ist.

5.3.2.2 Die Aktivitäten außer Mediennutzung

Welche Freizeitaktivitäten außer Mediennutzung werden in den beiden Ländern ausgeübt? Die Tabelle 5.20 stellt dar, wie häufig Jugendliche beider Länder verschiedene Aktivitäten im Alltag ausüben. In bezug auf die Freizeitaktivitäten "Fest feiern", „Musizieren", „andere Hobbys", „Blödsinn machen" üben die deutschen Jugendlichen diese öfter als die chinesischen aus. Die Häufigkeiten der anderen Freizeitaktivitäten (außer „Malen") unterscheiden sich nicht, jedoch sind die Durchschnittswerte (außer 'technische Hobbys') in Deutschland größer als in China.

Tab. 5.20: Ausgeübte Freizeitaktivitäten

	Deutschland		China		Kulturvergleich			
	M	SD	M	SD	t		F	
Herumbummeln	2,28	1,094	2,18	1,181	0,822	p<,412	7,137	p<,008
Einkaufen	2,50	1,057	2,68	1,054	-1,616	p<,107	0,031	p<,861
Fest feiern	1,82	0,973	1,36	0,527	5,832	p<,000	50,203	p<,000
Musizieren	2,53	1,683	1,82	1,259	4,675	p<,000	56,623	p<,000
Handarbeit	1,48	0,867	1,42	0,895	0,561	p<,575	0,358	p<,550
Malen/Zeichen	1,75	1,132	2,03	1,349	-2,054	p<,041	8,411	p<,004
Techn. Hobbys	1,45	0,911	1,53	1,041	-0,736	p<,462	1,848	p<,175
Andere Hobbys	4,09	1,035	3,02	1,618	7,141	p<,000	77,987	p<,000
Blödsinn machen	3,27	1,605	1,76	1,313	9,932	p<,000	24,576	p<,000

Anmerkung: Antwortskala:1= selten/nie, 2= 1mal im Monat, 3=1mal in der Woche, 4= mehrmals in der Woche, 5= täglich

Die Tabelle 5.21 stellt Freizeitaktivitäten dar, die von Jugendlichen gelegentlich ausgeübt werden.

Tab. 5.21: Ausgeübte Freizeitaktivitäten

	Deutschland		China		Kulturvergleich			
	M	SD	M	SD	t		F	
Kinobesuch	1,87	1,178	1,83	1,137	0,285	p<,776	0,070	p<,791
Konzertbesuch	2,36	1,826	1,75	1,408	3,615	p<,000	17,879	p<,000
Theaterbesuch	1,94	1,522	1,64	1,138	2,169	p<,031	7,287	p<,007
Museumsbesuch	2,36	1,702	2,31	1,629	0,285	p<,776	5,755	p<,017
Bibliotheksbesuch	1,93	1,101	3,78	1,485	-13,034	p<,000	47,222	p<,000
Verreisen	4,46	1,581	4,88	2,703	-1,728	p<,085	140,719	p<,000

Anmerkung: Antwortskalen für die jeweiligen Variablen sind wie folgt:
„Kinobesuch": 1= nie, 2= 1–5mal im Jahr, 3= 6–10 mal im Jahr, 4= 11–15mal im Jahr, 5= 16–20 mal im Jahr, 6= mehr als 21mal im Jahr
„Konzertbesuch", „Theaterbesuch", „Museumsbesuch": 1= nie, 2= 1mal im Jahr, 3= 2mal im Jahr, 4= 3mal im Jahr, 5= 4mal im Jahr, 6= 5mal im Jahr, 7=Öfter
„Bibliotheksbesuch": 1= nie, 2= 1 mal im Monat, 3= 2mal im Monat, 4= 3mal im Monat, 5=4mal oder mehr im Monat
„Verreisen": 1= nicht verreist, 2= weniger als 1 Woche, 3= 1–2 Wochen, 4= 2–3 Wochen, 5=3–4Wochen, 6= 4–5Wochen, 7= mehr als 5 Wochen

Hier ist ein beträchtlicher Unterschied beim „Bibliothekbesuch" festzustellen: chinesische Jugendliche gehen fast dreimal im Monat in die Bibliothek, während deutsche nur einmal im Monat in die Bibliothek gehen. Bei den Freizeitaktivitäten "Kinobesuch" und „Museumsbesuch" zeigen sich keine, beim "Verreisen" und „Theaterbesuch" nur geringere Unterschiede, aber *deutsche Jugendliche* üben die Aktivitäten (außer „Verreisen") **häufiger** aus *als chinesische. Chinesische* Jugendliche gehen fast nie zum Konzert, deutsche dagegen 1–2mal im Jahr.

5.3.2.3 Außerschulische institutionalisierte Freizeitangebote

Hier geht es um die Frage, welche Räume außer Familie und Schule von Jugendlichen genutzt werden, nämlich außerschulische institutionalisierte Freizeitangebote, wie z. B. außerschulische Vereine oder Privatunterricht (z B.

Klavierunterricht). 71,8 Prozent der deutschen Jugendlichen antworten, dass sie mindestens einem Verein oder einer Jugendgruppe angehören und ein Privatunterricht besuchen, von den chinesischen Jugendlichen antwortete dagegen nur 28,9 Prozent, dass sie diese außerschulischen institutionalisierten Freizeitangebote wahrnehmen, wie Jugendzentren oder Jugendhäuser. Die Abbildung 5.3 zeigt, dass 65,1 Prozent der deutschen Schüler an Aktivitäten von Vereinen oder Jugendgruppen – die meisten sind Sportvereine – teilnehmen, die aber nur für 8,9 Prozent der chinesischen Jugendlichen zutrifft. *Die Zeit der Vereinsaktivitäten der deutschen Jugendlichen ist länger als die der chinesischen* (Siehe Tab. 5.22).

Die durchschnittliche Dauer der Aktivitäten (Jugendliche, die keinem Verein angehören, ausgeschlossen) beträgt wöchentlich 3,99 Stunden (SD=4,578) für Deutschland, für China dagegen nur 0,51 Stunde (SD= 1,867). Wenn Jugendliche, die keinem außerschulischen Verein angehören, eingeschlossen werden, ergibt sich der t-Wert 10,15, p<,000. 27,1 Prozent der chinesischen Schüler nehmen Privatunterricht, wobei solche Angebote mehr von Mädchen genutzt werden. 41,6 Prozent der deutschen Jugendlichen nehmen Privatunterricht. Dabei wird in beiden Ländern am häufigsten Musikinstrumentunterricht wahrgenommen, am zweithäufigsten Ballet- bzw. Tanzunterricht. Am dritthäufigsten erhalten chinesischen Jugendliche Privatunterricht in Kalligraphie oder Malen. Nach den Ergebnissen des t-Tests ist *kein Unterschied in der Zeitnutzung des Privatunterrichts* zwischen beiden Ländern zu finden (Siehe Tab. 5.22). Der Mittelwert der Unterrichtszeit der deutschen Jugendlichen, die Privatunterricht erhalten, beträgt wöchentlich 1,61 Stunden (SD=2,66), der der chinesischen 1,71 Stunden (SD=3,464).

Abb. 5.3: Außerschulische institutionalisierte Freizeitangebote

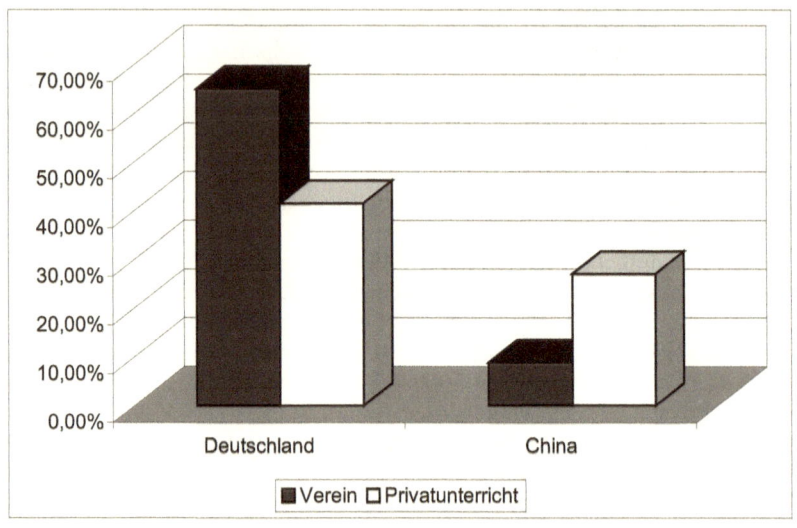

Tab. 5.22: Verein und Privatunterricht

	Deutschland		China		Kulturvergleich			
	Zeitnutzung in Stunden wöchentlich							
	M	SD	M	SD	t		F	
Verein	3,99	4,578	0,51	1,867	10,15	p<,000	177,723	p<,791
Privatunterricht	1,61	2,660	1,71	3,464	-,289	p<,773	3,408	p<,066

5.3.3 Ungebundene Freizeit

5.3.3.1 Freizeitaktivitäten mit Eltern

Im vorigen Teil wurde bestätigt, dass die Freizeitgestaltung der deutschen Jugendlichen stärker von Vielfältigkeit geprägt ist als die der chinesischen Jugendlichen und dass in Deutschland die Jugendlichen die Aktivitäten, die sich auf die Akkumulation von kulturellem Kapital beziehen, häufiger ausüben als die Jugendliche in China. Durch die Schülerfragebögen wurden die Daten noch gewonnen, damit die Aktivitäten von Jugendlichen mit Eltern beschrieben und verglichen werden können. In der Untersuchung wurden die Jugendlichen gefragt, wie häufig sie die folgenden Aktivitäten mit Müttern und mit Vätern zusammen ausüben (Siehe Tab. 5.23, 5.24).

Nach den Ergebnissen des t-Tests gibt es bei den Aktivitäten mit der Mutter wie „In Museen/Ausstellung gehen", „Spiele spielen" und „Ins Theater/Konzert gehen", die Aktivitäten mit dem Vater wie „Ins Theater/Konzert gehen", zwischen beiden Ländern keine Unterschiede. Ein interessanter Unterschied ist zu finden, wie die Mittelwerte der Häufigkeit der Aktivitäten mit Eltern zeigen, werden fast alle Aktivitäten (außer "Ins Theater/Konzert gehen") *von chinesischen Eltern und Kindern signifikant häufiger ausgeübt als in Deutschland.*

Tab. 5.23: Aktivitäten mit der Mutter

	Deutschland		China		Kulturvergleich			
	M	SD	M	SD	t		F	
In Museen/Ausstellung gehen	2,54	,621	2,46	,690	1,088	p<,277	3,719	p<,055
Ausflüge/Spaziergänge	1,94	,810	1,45	,739	6,028	p<,000	1,070	p<,302
Sport machen	2,58	,747	2,10	,892	5,426	p<,000	22,388	p<,000
Naturkundliche/technische Hobbys	2,86	,431	2,59	,717	4,183	p<,000	75,136	p<,000
Handarbeit/basteln	2,78	,502	2,56	,751	3,201	p<,001	45,845	p<,000
Musizieren	2,72	,626	2,29	,891	5,146	p<,000	89,792	p<,000
Malen/Zeichen	3,12	2,491	2,49	,783	3,548	p<,000	2,806	p<,095
Spiele spielen	2,41	2,652	2,16	,908	1,296	p<,196	,205	p<,651
Ins Theater/Konzert gehen	2,57	,629	2,59	,684	-,288	p<,773	,337	p<,562
Ins Kino gehen	2,55	,632	2,32	,756	3,024	p<,003	10,864	p<,001

Tab. 5.24: Aktivitäten mit dem Vater

	Deutschland		China		Kulturvergleich			
	M	SD	M	SD	t		F	
In Museen/Ausstellung gehen	2,59	,594	2,46	,758	1,735	p<,084	17,890	p<,000
Ausflüge/Spaziergänge	2,04	,824	1,87	,917	1,779	p<,076	17,279	p<,000
Sport machen	2,41	,823	1,98	,924	4,554	p<,000	9,450	p<,002
Naturkundliche/technische Hobbys	2,67	,653	2,45	,821	2,771	p<,006	28,305	p<,000
Handarbeit/basteln	2,89	,389	2,59	,748	4,451	p<,000	96,364	p<,000
Musizieren	2,84	,482	2,53	,771	4,306	p<,000	79,102	p<,000
Malen/Zeichen	2,93	,311	2,57	,719	5,638	p<,000	159,898	p<,000
Spiele spielen	2,48	2,648	2,09	,923	2,017	p<,044	,118	p<,732
Ins Theater/Konzert gehen	2,66	,601	2,68	,631	-,343	p<,732	,013	p<,911
Ins Kino gehen	2,65	,593	2,47	,722	2,520	p<,012	17,246	p<,000

Anmerkung: Antwortskalen: 1=1–2 mal im Monat, 2=Ein Paar mal im Jahr, 3=Selten oder nie

5.3.3.2 Gespräch mit Eltern

In der Untersuchung wurden Jugendliche auch gefragt, wie häufig sie über bestimmte Themen (insgesamt 16 Gesprächsthemen) mit ihren Eltern sprechen. Über welche Themen in Familien gesprochen wird, kann widerspiegeln, worauf sich der Schwerpunkt des Interesses von Eltern und Kindern richtet.

Die Abbildungen 5.4, 5.5 und Tabellen 5.25, 5.26 zeigen die Ergebnisse. Die Ergebnisse des t-Tests zeigen, dass 5 Gesprächsthemen mit der Mutter und dem Vater, wie „Schullehrer/innen", „Hobbys", „Feste(r) Freund(in)", „Freunde", „Zukünftige Beruf", keine Unterschiede zwischen beiden Ländern aufweisen. Dies gilt auch für 2 Gesprächsthemen mit dem Vater („Was in der Schule passiert ist", „Sexualität"). Aus dem Mittelwert der Häufigkeit kann man ersehen, dass nur für 6 Gesprächsthemen mit der Mutter und für 4 Gesprächsthemen mit dem Vater die Gesprächszeit in China länger ist als die in Deutschland. Insgesamt finden *Gespräche der Jugendlichen mit Eltern in Deutschland häufiger als in China statt.*

Tab. 5.25: Gespräch mit der Mutter

	Deutschland		China		Kulturvergleich			
	M	SD	M	SD	t		F	
1.Schulnoten, Zeugnisse	2,93	,828	2,65	1,122	2,535	p<,012	41,151	p<,000
2.Schullehrer/innen	2,60	,977	2,48	1,108	1,037	p<,300	6,603	p<,011
3.Was in der Schule passiert ist	2,91	,979	2,72	1,018	1,811	p<,071	,943	p<,332
4.Bücher	1,74	,853	2,38	1,085	-5,971	p<,000	20,167	p<,000
5.Fernsehen	1,91	,827	2,41	1,034	-4,913	p<,000	23,833	p<,000
6.Hobbys	2,44	,973	2,55	1,053	-1,089	p<,277	2,904	p<,089
7.Familie	2,41	1,006	1,98	1,065	3,954	p<,000	,005	p<,945
8.Feste(r) Freund(in)	1,66	,925	1,62	,921	,447	p<,655	,029	p<,864
9.Taschengeld	1,95	,920	2,31	1,076	3,331	p<,001	15,235	p<,000
10.Sexualität	1,37	,663	1,17	,514	3,298	p<,001	28,228	p<,000
11.Freunde	2,36	,883	2,37	1,029	-,053	p<,957	8,509	p<,004
12.Politische/soziale Fragen	1,59	,710	1,82	,986	-2,438	p<,015	18,896	p<,000
13.Alkohol/Rauchen	1,80	,865	1,21	,616	7,765	p<,000	37,119	p<,000
14.Drogen	1,62	,886	1,14	,522	6,568	p<,000	86,624	p<,000
15.Zukünftige Ausbildung	2,29	1,008	1,84	1,036	4,163	p<,000	,000	p<,986
16.Beruf	2,22	1,063	2,12	,986	,941	p<,347	3,698	p<,055

Tab. 5.26: Gespräch mit dem Vater

	Deutschland M SD	China M SD	Kulturvergleich t	Kulturvergleich F
1.Schulnoten, Zeugnisse	2,55 ,923	2,29 1,132	2,371 p<,018	18,544 p<,000
2.Schullehrer/innen	1,98 ,983	1,90 1,011	,733 p<,464	,088 p<,768
3.Was in der Schule passiert	2,22 1,076	2,05 1,010	1,492 p<,137	2,818 p<,094
4.Bücher	1,48 ,743	2,25 1,116	-7,291 p<,000	46,654 p<,000
5.Fernsehen	1,82 ,811	2,23 1,037	-4,105 p<,000	22,388 p<,000
6.Hobbys	2,24 ,968	2,29 1,110	-,505 p<,614	9,913 p<,002
7.Familie	2,10 ,989	1,82 1,022	2,557 p<,011	,884 p<,348
8.Feste(r) Freund(in)	1,38 ,686	1,35 ,748	,370 p<,712	,032 p<,858
9.Taschengeld	1,75 ,920	2,28 1,185	-4,614 p<,000	26,755 p<,000
10.Sexualität	1,16 ,478	1,13 ,466	,629 p<,530	1,163 p<,281
11.Freunde	1,93 ,853	1,94 ,996	-,123 p<,902	7,987 p<,005
12.Politische/soziale Fragen	1,72 ,897	1,93 1,092	-1,958 p<,051	8,396 p<,004
13.Alkohol/Rauchen	1,69 ,833	1,29 ,747	4,808 p<,000	12,781 p<,000
14.Drogen	1,46 ,804	1,17 ,548	4,140 p<,000	42,425 p<,000
15.Zukünftige Ausbildung	2,10 1,002	1,71 1,015	3,554 p<,000	,751 p<,387
16.Beruf	2,05 1,084	1,90 1,026	1,411 p<,159	,819 p<,366

Abb. 5.4: Gespräch mit der Mutter

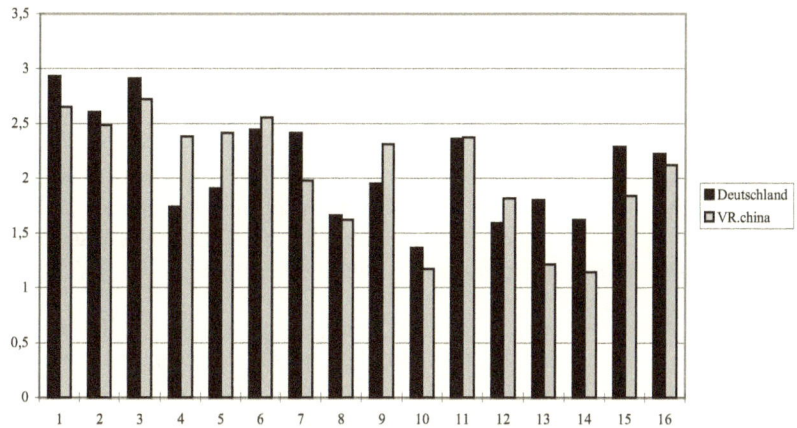

Abb. 5.5: Gespräch mit dem Vater

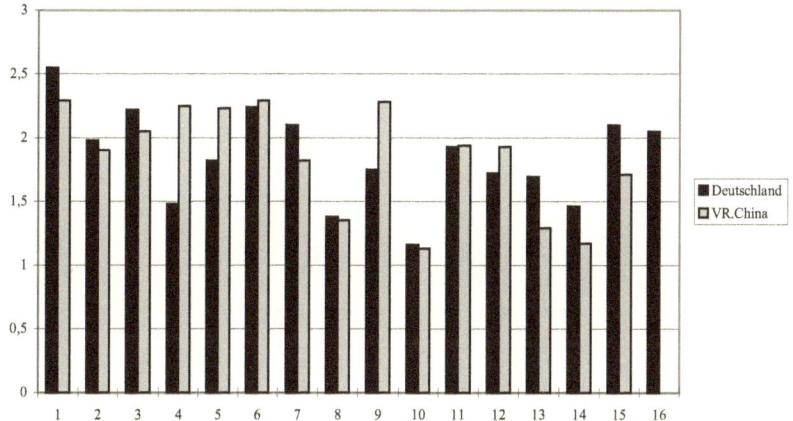

Anmerkung: Antwortskala:
Häufigkeit: 1= nie/selten, 2= manchmal, 3= oft, 4= sehr häufig
Gesprächsthemen: 1= Schulnoten, Zeugnisse, 2= Schullehrer/innen, 3= Was in der Schule passiert ist, 4=Bücher, 5=Fernsehen, 6=Hobbys, 7=Familie, 8=Feste(r) Freund(in), 9= Taschengeld,10= Sexualität, 11= Freunde, 12= Politik/soziale Fragen, 13= Alkohol, 14= Drogen, 15= Zukünftige Ausbildung, 16= Beruf

5.3.3.3 Freizeit mit Gleichaltrigen

Die Zeit für Interaktionen mit Gleichaltrigen ist in beiden Ländern sehr unterschiedlich (Siehe Tab. 5.27). Während sich deutsche Jugendliche wochentags durchschnittlich 2,717 Stunden pro Tag (SD=1,569), an Wochenenden durchschnittlich 5,191 Stunden pro Tag (SD=4,121) Zeit für ihre Freunde nehmen, haben chinesische Mittelschüler dafür außerhalb der Schule an Wochentagen 0,922 Stunden pro Tag (SD=1,131) und an Wochenenden 2,17Stunden (SD=2,258) zur Verfügung. Das Ergebnis des T-Tests: An Wochentag: t=12,674 P<,000 , F= 27,849 P<,000; Am Wochenende: t= 8,957 P<,000; F= 28,963, P<,000. Die Zeit für die Gleichaltrigengruppen dauert *in Deutschland eindeutig länger als in China*.

Wird die Zusammensetzung der Gleichaltrigengruppen hinsichtlich des Geschlechts verglichen, ist ebenfalls ein Unterschied festzustellen: chinesische Mittelschüler bilden weniger Gruppen, die sowohl aus Mädchen als auch aus Jungen bestehen als deutsche Jugendliche. Die Abbildungen 5.6, 5.7 und Tabelle 5.28 stellen die Ergebnisse der Frage „ mit wem verbringst du Deine Freizeit?" dar. Die Zeit für Freunden beträgt bei den chinesischen Mädchen durchschnittlich wöchentlich 2,587 Stunden (SD=1,312), die deutschen Mädchen haben dafür mehr Zeit, nämlich 3,374 Stunden (SD=1,386). Die Jungen in beiden Ländern zeigen kaum Unterschiede.

Tab. 5.27: Freizeit mit Gleichaltrigen

	Deutschland		China		Kulturvergleich			
	M	SD	M	SD	t		F	
An Wochentagen	2,7174,	1,5694	0,9224	1,1309	12,674	p<,000	27,849	p<,000
An Wochenenden	5,1909	4,1208	2,1704	2,2575	8,957	p<,000	28,963	p<,000

Tab. 5.28: Ergebnis des t-Tests: Freizeit mit Gleichaltrigen hinsichtlich der Geschlechter

	Deutschland		China		Kulturvergleich			
	M	SD	M	SD	t		F	
Mädchen	3,374	1,386	2,587	1,312	3,975	p<,000	0,013	p<,910
Jungen	2,939	1,162	2,539	1,405	1,968	p<,051	3,372	p<,068

Abb.5.6: Freizeitpartner in Deutschland

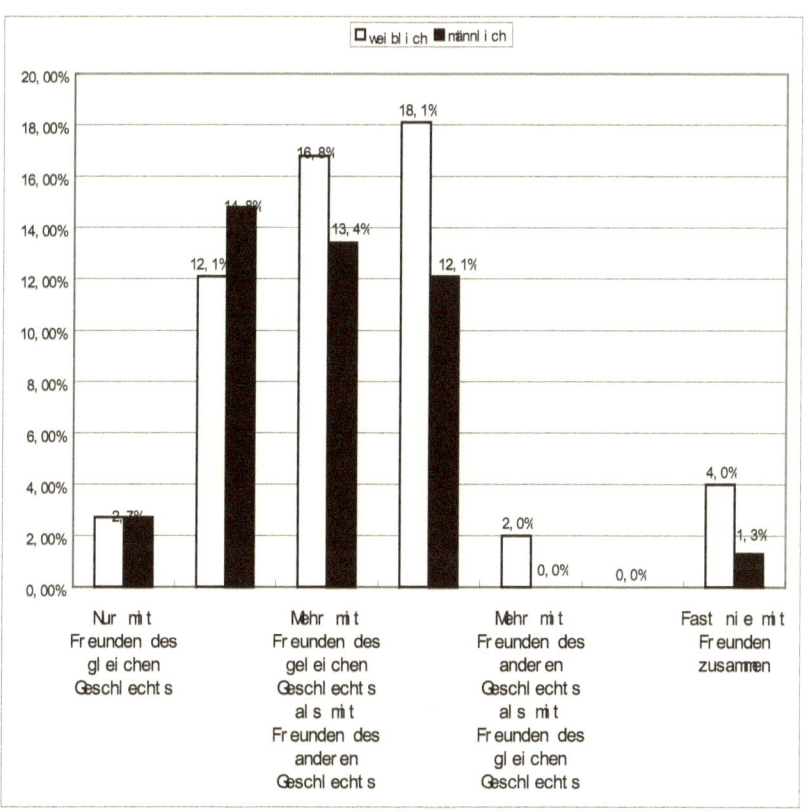

Abb. 5.7: Freizeitpartner in China

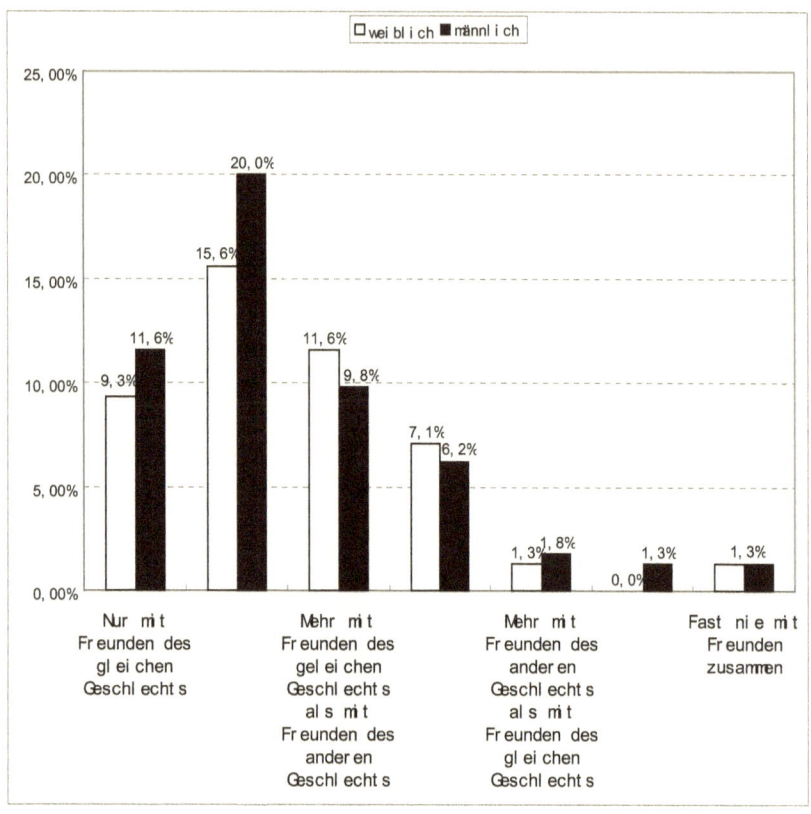

5.4 Zusammenfassung

Tabelle 5.29 faßt im Hinblick auf die Überprüfung der ersten Hypothese die bisherigen Ergebnisse zusammen.
Der Anteil der arbeitsbezogenen (lernbezogenen) Zeit – die Gesamtzeit in der Schule, schulbezogene Zeit – ist in China sichtbar größer als in Deutschland (siehe Tab. 5.29 und vgl. Teil 5.1, 5.2).

✧ Der beträchtliche Unterschied der gesamten Pflichtzeit in der Schule wird zwischen beiden Ländern durch die außerunterrichtlich verbrachte Pflichtzeit verursacht. Die außerunterrichtlich verbrachte Zeit in deutschen Schulen bezieht sich hauptsächlich auf Pausenzeit, während in chinesischen Schulen diese Zeit für verschiedene Aktivitäten eingesetzt wird, wie Gymnastik, Augenpflege, Reinigung, Morgenlesen, Kontrollen von den Lehrern usw.. Dieser Unterschied zeigt, dass die chinesische Schule durch die umfassendere zeitliche Einbindung als Lebensschule stärkere sozialisierende Kräfte besitzt als die deutsche Schule als Lerninstitut.

✧ Der Unterschied der freiwillig in der Schule verbrachte Zeit in China bezieht sich auf Lernaktivitäten, wie vertiefte Lerngruppe (Bei Lei), in Deutschland auf Arbeitsgemeinschaften.

✧ Nur ein Teil der deutschen Jugendlichen bedarf außerschulischer Lernhilfe, während in China die Mehrheit der Jugendlichen im institutionell festgesetzten Zeitrahmen zum Lernen außerhalb der Schule geführt wird. Die Lernzeit außerhalb Schule (Lernzeit allein zu Hause, Lernzeit mit Freunden und Nachhilfezeit) ist bei chinesischen Jugendlichen sichtbar länger als bei deutschen Jugendlichen.

Tab. 5.29: Kulturvergleich im Überblick

Dimensionen	Kategorien	Variablen	Kulturvergleich
Zeit in der Schule	Unterrichtszeit	❖ Fächer A	C>D
		❖ Fächer B	C>D
		❖ Gesamtunterrichtszeit	C>D
	Außerunterrichtliche Pflichtzeit	❖ Pause zwischen Unterrichtsstunden	C>D
		❖ Gymnastik, Augenpflege, Reinigung, Kontrolle, Morgenlesen	
	Freiwillige Zeit in der Schule	❖ Arbeitsgemeinschaft	D>C
		❖ Vertiefte Lerngruppe	C>D
Schulbezogene Zeit	Außerschulische Lernzeit	❖ Lernzeit zu Hause	C>D***
		❖ Lernen mit Freunden	C>D***
		❖ Nachhilfe	C>D***
Außerschulische Freizeit	Familiengebundene Freizeit	❖ Mithilfe der Haushaltsverpflichtungen	D=C
	Geregelte Freizeit	❖ Zeit für Mediennutzung	D>C
		❖ Freizeitaktivitäten außer Mediennutzung	D>C
		❖ In einem Verein	D>C***
		❖ Privatunterricht	D=C
	Ungebundene Freizeit	❖ Gespräch mit Eltern	D>C
		❖ Freizeitaktivitäten mit Eltern	C>D
		❖ Freizeit mit Gleichaltrigen	D>C***

Anmerkung: D=C: es besteht kein Unterschied zwischen Deutschland und China.
D>C,C>D: Ein Unterschied ergab sich zwischen beiden Ländern.
*** ist hochsignifikant, P<0,01

Im Gegensatz zum größeren Anteil der Arbeitsbezogenen Zeit in China nehmen sich deutsche Jugendliche mehr Zeit für außerschulische Freizeitaktivitäten. Die Freizeitaktivitäten deutscher Jugendlicher sind stärker von Vielfältigkeit geprägt und die Teilnahme findet zeitlich länger und häufiger statt. Sie beteiligen sich mehr an Konsumaktivitäten als chinesische Jugendliche (vgl. Teil 5.3.2.2, 5.3.2.3). Aus den obigen Ergebnissen lässt sich die erste Hypothese bestätigen. Die Befunde deuten an, dass es eine Konzentration auf das Lernen von Jugendlichen in China gibt, ist es vermutlich, dass chinesischen Jugendlichen große Lernbelastungen haben.

5.5 Zusammenhang zwischen Zeitnutzung und Schulleistungen

5.5.1 Zeit für außerschulische schulbezogene Aktivitäten und Schulleistungen

Im folgenden Teil wird die zweite Hypothese überprüft, ob ein Zusammenhang zwischen Zeit für die außerschulischen schulbezogenen Aktivitäten und Schulleistungen besteht. Um diese zu überprüfen, werden Korrelationen zwischen verschiedenen Variablen in den außerschulischen schulbezogenen Aktivitäten und Schulleistungsvariable (die durchschnittliche Note der einzelnen Schüler), Schulniveauvariablen (die Schulart – die Rangreihe der Schule) betrachtet.

Die Schulleistungsvariable ist die Durchschnittsnote der einzelnen Schüler. Hierbei handelt es sich um den Durchschnittswert der Noten von Deutsch bzw. Chinesisch, Mathematik, Englisch im letzten Zeugnis. Diese Noten in Deutschland wurden wie im chinesischen Notensystem recodiert, nämlich:

➢ Die Noten im chinesischen Notensystem „100" (für Hauptfach Englisch) und „120" (für Hauptfächer Chinesisch und Mathematik) als die beste deutsche Note „1"
➢ Die Noten im chinesischen Notensystem „46,67" (für Fach Englisch) und „56" (für Fächer Mathematik und Chinesisch) als die schlechteste deutsche Note „5" (vgl. Tab. 5.30).

Tab. 5.30: Noten in den chinesischen und deutschen Notensystem im Vergleich

Englisch		Chinesisch/Deutsch, Mathematik	
Deutschland	China	Deutschland	China
1–2	100–86,67	1–2	120–104
2–3	86,67–73,34	2–3	104–88
3–4	73,34–60	3–4	88–72
4–5	60–46,67	4–5	72–56
5	46,67–	5	56–

Die folgende Tabelle 5.31 stellt die Korrelation zwischen Zeit für die außerschulischen schulbezogenen Aktivitäten und Schulleistungsvariablen, Schulniveauvariablen dar: In China ist negative Korrelation zwischen der Lernzeit allein zu Hause und der Durchschnittsnote -,171, P<,01 zu finden. Das bedeutet, dass mit sinkenden Schulleistungen Jugendliche in China mehr lernen müssen. Die Dauer der Lernzeit mit Freunden ist in China nicht mit der Durchschnittsnote, sondern mit dem Leistungsniveau der Schule auch negativ korreliert -,267, P<,001. Dieser Zusammenhang kann bedeuten, dass chinesische Jugendliche mit höherem Schulniveau weniger mit Freunden lernen. Bei deutschen Jugendlichen korreliert die Zeitnutzung der Nachhilfe positiv mit der Durchschnittsnote, in China ist hingegen eine positive Korrelation zwischen der Zeitnutzung der Nachhilfe und dem Schulniveau zu finden. Dieser Unterschied zwischen beiden Ländern bedeutet, dass Jugendliche in China mit höheren Schulischen Anforderungen die Entscheidung für Nachhilfe mehr treffen und länger Nachhilfe nutzen. Die achtjahrgangsstufigen Schüler in den Schulen der höheren Niveau haben schon eine Vorbereitung der Oberschulaufnahmeprüfung angefangen, da die Oberschulaufnahmeprüfung als eine der schwersten Prüfungen in China bezeichnet wird (vgl. Teil 3.2.2.6). In Deutschland wird Nachhilfe von Schülern mit steigender Durchschnittsnote länger genutzt.

Tab. 5.31: Korrelation zwischen der außerschulischen schulbezogene Zeit und Schulleistungsvariablen

	Deutschland		China	
	Schule	Note	Schule	Note
Lernzeit allein zu Hause	,055	-,152	-,085	-,171**
Lernzeit mit Freunden	-,013	,040	-,267***	-,022
Nachhilfe	-,131	,386***	,287***	-,109
Gesamte außerschulische schulbezogene Zeit[1]	,011	-,074	-,151*	-,070

Anmerkung: *P<,05   ** P<,01   ***P<,001
[1] Gesamte außerschulische schulbezogene Zeit = Lernzeit allein zu Hause + Lernzeit mit Freunden + Nachhilfe
Schule: Schulniveau, Note: die Durchschnittsnote der Schüler

In China besteht eine negative Korrelation zwischen der gesamten außerschulischen schulbezogenen Zeit und dem Schulniveau, d. h. in China wird mit niedrigem Schulniveau mehr Zeit für außerschulische lernbezogene Aktivitäten verwendet. Ein möglicher Erklärungsansatz dieser Korrelation ist, dass die Schüler, die nach dem ersten Übergang – dem Übergang von Grundschule in die Unterstufe der Mittelschule – in den Schulen mit niedrigem Niveau sind, ihre Leistung steigern wollen, damit sie beim zweiten Übergang – der Oberschulaufnahmeprüfung – die Gelegenheit nicht verpassen in eine Schule mit höherem Niveau zu gelangen. In Deutschland ist zwischen die gesamten außerschulischen schulbezogenen Zeit und der Schulleistungen keine starke Korrelation zu finden.
Es lässt sich bestätigen, dass die Zeitnutzung für die außerschulischen schulbezogenen Aktivitäten mit den Schulleistungen in China ein engerer Zusammenhang besteht, während in Deutschland dieser Zusammenhang nicht signifikant ausgeprägt ist.

5.5.2 Zeit für außerschulische Freizeitaktivitäten und Schulleistungen

Im vorigen Teil wurde bestätigt, dass die Freizeitaktivitäten von deutschen Jugendlichen stärker von der Vielfältigkeit geprägt sind und die Teilnahme zeitlich länger stattfindet. Deutsche Jugendliche beteiligen sich mehr an Konsumaktivitäten als chinesische Jugendliche (vgl. Teil 5.4). Im folgenden Teil wird betrachtet, ob ein Zusammenhang zwischen Zeit für außerschulische Freizeitaktivitäten von Jugendlichen und Schulleistungen in beiden Ländern besteht, und ob unterschiedliche Zusammenhänge dabei zu finden sind.

Zusammenhang zwischen Zeit für die außerschulischen familiengebundenen Freizeitaktivitäten und Schulleistungen

Der durchschnittliche Zeitaufwand der Mithilfe zu Hause von Jugendlichen beider Länder unterscheidet sich wenig (vgl. Teil 5.3.1). Ob dieser Zeitnutzung mit den Schulleistungen in beiden Ländern zusammenhängt, zeigt die Tab. 5.32 die Korrelationen zwischen familiengebundene Freizeit und den Schulleistungen. In China sind positive Korrelationen zwischen Zeit für Haushaltspflichten und der Durchschnittsnote +,213, P<,01; +,190, P<,01 sowohl an Wochentagen als auch an Wochenenden zu finden. Hingegen gibt es zwischen Zeit für Haushaltspflichten und Schulniveau sowohl an Wochentagen als auch an Wochenenden sehr signifikante negative Korrelationen -,224, P<,001; -,234, P<,001. Das bedeutet, dass mit steigenden Schulleistungen Jugendliche in China mehr Zeit für Haushaltspflichten aufwenden. Die Jugendliche mit sinkenden Leistungen haben weniger Zeit für Haushaltspflichten, sie müssen entweder Nachhilfeunterricht nehmen oder lernen mit Freunden und/oder lernen allein zu Hause, damit sich ihre Leistungen steigern. Diese Befunde stimmen mit den obigen Befunde überein (vgl. Teil 5.5.1). Der Zusammenhang zwischen Zeit für Haushaltspflichten und dem Schulniveau zeigt sich, dass chinesische Jugendliche aus Schulen mit höherem Schulniveau weniger zu Hause mithelfen. Das kann bedeuten, dass die Schule mit höherem Niveau mehr schulische Anforderungen haben, z. B. Hausaufgaben, um ihre schulische berühmte „Marke", wie besonders wichtige Versetzungsrate, zu behalten. Daher haben die Schüler weniger Zeit für Haushaltspflichten. Ein anderer möglicher Erklärungsansatz ist in China Ein-Kind-Politik. Die Eltern setzen ihre Hoffnung in ihre Kinder (vgl. Teil 3.1 und 3.3.5) und die Eltern dürfen manchmal den Kindern zu Hause nicht mithelfen um die Lernzeit zu sparen, wenn die Kinder aus Schule in höherem Schulniveau sind. Bei deutschen Jugendlichen korreliert die Zeitnutzung der Mithilfe zu Hause auch negativ mit dem Schulniveau -,198, P<,05; -,190, P<,05, aber nicht so stark wie in China. Mit höherem Schulniveau helfen die deutsche Jugendliche weniger zu Hause. Zwischen der Durchschnittsnote und Zeit für Haushaltspflichten gibt es keine signifikante Korrelation in Deutschland.

Zusammenhang zwischen Zeit für die geregelten Freizeitaktivitäten und Schulleistungen

Insgesamt ist es deutlich, dass es in Deutschland Freizeitvariablen mit der Durchschnittsnote eine negative Korrelation und mit dem Schulniveau eine positive Korrelation gibt (siehe Tab. 5.32). Die deutschen leistungsschwächeren Jugendliche und Jugendliche aus Schulen mit höherem Schulniveau musizieren mehr, besuchen häufiger Kino, Konzert, Theater und Museen, gehen öfter zur Bibliothek, verreisen viel und nehmen mehr Privatunterricht wahr. Die Aktivitäten „Bücher lesen (WE)" und „PC Spiele (WT)" korrelieren nur positiv mit dem Schulniveau, dagegen sind „Einkaufen" und „Feste feiern" nur mit dem Schulniveau negativ korreliert.

Solche sichtbaren Zusammenhänge sind in China weniger gesehen bzw. hängen die Aktivitäten nicht immer mit dem Schulniveau oder mit der Durchschnittsnote zusammen. Jedoch verreisen die chinesischen Jugendliche aus Schulen mit höherem Niveau viel, haben mehr Hobbys (außer technische Hobbys) und nehmen mehr Privatunterricht wahr. Die leistungsstärkeren Schüler haben weniger Hobbys (außer technische Hobbys) und verreisen selten. Die Aktivität „Internet surfen" korreliert auch mit Schulleistung, und zwar eine negative Korrelation mit dem Schulniveau und eine positive Korrelation mit der Durchschnittsnote.

Es wurde hier noch gemeinsame Zusammenhängen bei der Aktivität „Fernsehen" in beiden Ländern gefunden, nämlich negative Korrelationen mit dem Schulniveau und positive Korrelationen mit der Durchschnittsnote. Jugendliche aus Schulen mit niedrigem Niveau und leistungsstärkere Jugendliche sehen länger fern.

Tab. 5.32: Korrelation zwischen der außerschulischen familiengebundenen und geregelten Freizeit und Schulleistungsvariablen, Schulniveauvariablen

	Deutschland		China	
	Schule	Note	Schule	Note
Familiengebundene Freizeit				
Zeit für Haushaltspflichten (WT)	-,198*	,102	-,224***	,213**
Zeit für Haushaltspflichten (WE)	-,190*	,059	-,234***	,190**
Geregelte Freizeit Medien Nutzung				
Fernsehen (WT)	-,381***	,252**	-,299***	,315***
Fernsehen (WE)	-,272***	,228**	-,298***	,231***
Radio (WT)	,064	,009	,011	-,027
Radio (WE)	,064	-,045	-,032	-,050
Musikhören (WT)	-,021	,102	,038	,012
Musikhören (WE)	-,073	,069	-,005	-,010
PC Spiele (WT)	-,152	,203*	-,008	,050

PC Spiele(WE)	-,091	,102	,009	,085
Internet (WE)	-	-	-,161*	,164*
Internet (WT)	-	-	-,143*	,164*
Zeitung (WT)	,014	-,071	-,085	,039
Zeitung (WE)	,122	-,148	-,048	-,046
Zeitschriften (WT)	-,179*	,060	,080	-,066
Zeitschriften (WE)	,100	-,045	,069	-,131
Bücher (WT)	,154	-,025	,014	,097
Bücher (WE)	,267***	-,124	,090	-,093
Außer Mediennutzung				
Einkaufen	-,181*	,169	-,013	,060
Herumbummeln	-,070	,060	,000	,036
Feste feiern	-,205*	,146	,017	-,067
Musizieren	,359***	-,283***	-,053	,034
Handarbeit	-,009	-,060	,019	-,012
Malen	,060	-,036	,077	-,087
Techn. Hobbys	,027	,026	,090	-,064
Andere Hobbys	-,045	,001	,286***	-,281***
Blödsinn machen	-,030	,149	,053	-,060
Kinobesuch	,194*	-,184*	-,246***	,109
Konzertbesuch	,264***	-,261**	,038	-,060
Theaterbesuch	,365***	-,281***	-,045	-,102
Museumsbesuch	,266***	-,323***	,118	-,124
Bibliothekbesuch	,105	-,176*	,047	-,120
Verreisen	,262***	-,299***	,298***	-,228***
Verein	-,117	,126	-,109	-,038
Privatunterricht	,159	-,240**	,185**	-,100

Anmerkung: *P<,05 ** P<,01 ***P<,001
Schule: Schulniveau, Note: die Durchschnittsnote der Schüler; –: Da Angaben von den deutschen Jugendlichen fehlen, konnte keine Korrelation berechnet werden.

Zusammenhang zwischen Zeit für die ungebundenen Freizeitaktivitäten und Schulleistungen

Die folgenden Korrelationen zeigen, wie die Zeitnutzung von bestimmten Aktivitäten mit den Schulleistungsvariablen zusammenhängen (siehe Tab. 5.33). Bei verschiedenen Aktivitäten mit Eltern sind in beiden Ländern negative Korrelationen mit dem Schulniveau und positive Korrelationen mit der Durchschnittsnote zu finden. In Deutschland sind solche Zusammenhänge zwischen Freizeitaktivitäten mit Eltern und den Schulleistungen stärker als in China. Deutsche Jugendliche aus Schulen mit niedrigem Niveau gehen öfter in Museen oder Ausstellungen und ins Theater oder Konzert mit Eltern, musizieren häufiger mit Eltern und machen öfter Spaziergänge oder Ausflüge mit dem Vater, während in China negative Zusammenhänge zwischen Freizeitaktivitäten mit Eltern und dem Schulniveau nur bei den Aktivitäten „in Museen oder Ausstellungen mit dem Vater" und „Technische Hobbys mit dem Vater" zu finden sind. Deutsche leistungsstärkere Schüler gehen öfter in Museen oder Ausstellungen und ins Theater oder Konzert und machen häufiger Spaziergänge oder Ausflüge mit Eltern, chinesische leistungsstärkere Schüler treiben mehr Sport mit ihren Eltern, gehen auch öfters mit ihren Eltern in Museen oder Ausstellungen und haben mehr technische Hobbys mit dem Vater.
Im vorigen Teil wurde bestätigt, dass Gespräche der Jugendlichen mit ihren Eltern in Deutschland häufiger als in China stattfinden (vgl. Teil 5.3.3.2). In diesem Abschnitt sind Gespräche mit Eltern (fast bei allen Gesprächsthemen) in China sehr signifikante negative Korrelationen mit den Durchschnittsnoten zu finden, in Deutschland sind diese kaum ausgeprägt. D. h. chinesische Jugendliche mit sinkenden Leistungen sprechen häufiger mit ihren Eltern. Über 3 Gesprächsthemen (Schulnote, Bücher und Freunde) sprechen chinesische Jugendliche aus Schulen mit höherem Niveau häufiger mit der Mutter, über Bücher häufiger mit dem Vater. In Deutschland wird über „zukünftige Ausbildung" und „zukünftigen Beruf" mit sinkendem Niveau der Schule häufiger gesprochen, über „Bücher" im Gegensatz dazu wird weniger gesprochen. Das kann bedeuten, dass die Themen wie zukünftige Ausbildung oder zukünftiger Beruf für die Jugendliche der achten Klasse besonders interessant und wichtig sind, weil die deutschen Jugendlichen der achten Klasse bald mit ihrer zukünftiger Ausbildung oder ihrem zukünftigem Beruf betreffen werden (vgl. Teil 3.1.2.3, 3.1.2.4).

Es bestehen gleiche Zusammenhänge zwischen Freizeit mit Gleichaltrigen und den Schulleistungen in beiden Ländern, nämlich negative Korrelationen mit dem Schulniveau und positive Korrelationen mit der Durchschnittsnote, in China sind stärke ausgeprägt als in Deutschland. Chinesische Jugendliche aus Schulen mit höherem Niveau -,167, $P<,05$; -,238, $P<,001$ und mit sinkenden Leistungen ,193, $P<,001$; ,304, $P<,001$ verbringen weniger Zeit mit Gleichaltrigen sowohl an Wochentagen als auch an Wochenenden. In Deutschland sind Jugendliche aus Schulen mit niedrigem Niveau nur an Wochentagen mit Gleichaltrigen mehr zusammen -,233, P<,01und leistungsstärkere Schüler nur an Wochenenden mit Gleichaltrigen mehr zusammen ,212, P<,05 .

Tab. 5.33: Korrelation zwischen Zeit für die ungebundenen Freizeitaktivitäten und Schulleistungsvariablen, Schulniveauvariablen

	Deutschland		China	
	Schule	Note	Schule	Note
Ungebundene Freizeit Freizeitaktivitäten mit Eltern				
Sport mit der Mutter	-,026	,103	-,102	,172*
Sport mit dem Vater	-,071	-,097	-,087	,158*
In Museen/Ausstellungen gehen mit der Mutter	-,272***	,370***	-,123	,174*
In Museen/Ausstellungen gehen mit dem Vater	-,315***	,354***	-,141*	,136*
Ausflüge/Spaziergänge mit der Mutter	-,127	,215*	,040	,033
Ausflüge/Spaziergänge mit dem Vater	-,209*	,357***	-,026	,032
Technische Hobbys mit der Mutter	,045	-,025	-,104	,114
Technische Hobbys mit dem Vater	,070	-,043	-,151*	,135*
Handarbeit mit der Mutter	,060	,038	,014	,000
Handarbeit mit dem Vater	-,078	,157	,010	,074
Musizieren mit der Mutter	-,204*	,145	,078	,025
Musizieren mit dem Vater	-,209*	,089	,064	,018
Malen/Zeichnen mit der Mutter	,122	-,003	,041	,061
Malen/Zeichnen mit dem Vater	,003	,001	,026	,115
Spiele spielen mit der Mutter	-,060	,077	-,019	,094

Spiele spielen mit dem Vater	-,041	,039	-,023	,101
Ins Theater/Konzert gehen mit der Mutter	-,288**	,278***	-,013	,069
Ins Theater/Konzert gehen mit dem Vater	-,252**	,290***	-,028	,059
Ins Kino gehen mit der Mutter	-,014	,009	,047	,016
Ins Kino gehen mit dem Vater	,022	,024	,026	,007
Gespräch mit Eltern				
Schulnoten, Zeugnisse mit der Mutter	-,101	-,027	,225***	-,381***
Schulnoten, Zeugnisse mit dem Vater	-,087	-,136	,108	-,246***
Schullehrer/innen mit der Mutter	,030	-,120	,110	-,248***
Schullehrer/innen mit dem Vater	,097	-,193*	,062	-,068
„Was in der Schule passiert" mit der Mutter	-,060	-,053	,136*	-,247***
„Was in der Schule passiert" mit dem Vater	,023	-,040	,115	-,147*
Bücher mit der Mutter	,222*	-,203*	,157*	-,236***
Bücher mit dem Vater	,174*	-,103	,144*	-,150*
Fernsehen mit der Mutter	-,071	-,028	,013	-,103
Fernsehen mit dem Vater	-,067	,148	-,002	-,067
Hobbys mit der Mutter	,058	,042	,100	-,192**
Hobbys mit dem Vater	,003	,032	,128	-,111
Familie mit der Mutter	-,097	,160	,104	-,215***
Familie mit dem Vater	-,085	,032	,034	-,127
Feste(r) Freund(in) mit der Mutter	-,132	,133	,117	-,242***
Feste(r) Freund(in) mit dem Vater	-,083	,036	,088	-,192**
Taschengeld mit der Mutter	-,074	,140	-,159*	,039
Taschengeld mit dem Vater	-,055	,130	-,067	-,086

Sexualität mit der Mutter	,081	,208*	,006	-,019
Sexualität mit dem Vater	-,011	,092	,071	-,165*
Freunde mit der Mutter	,003	,069	,167*	-,212**
Freunde mit dem Vater	,015	,002	,061	-,153*
Politische/soziale Fragen mit der Mutter	,098	,012	,073	-,176*
Politische/soziale Fragen mit dem Vater	-,021	,081	,078	-,218***
Alkohol/Rauchen mit der Mutter	-,027	,144	-,098	,023
Alkohol/Rauchen mit dem Vater	-,108	,093	-,023	-,095
Drogen mit der Mutter	-,046	,157	,007	-,128
Drogen mit dem Vater	-,101	,165	,036	-,108
Zukünftige Ausbildung mit der Mutter	-,451***	,165	,142*	-,117
Zukünftige Ausbildung mit dem Vater	-,356***	,204*	,114	-,045
Zukünftiger Beruf mit der Mutter	-,427***	,208*	,018	-,076
Zukünftiger Beruf mit dem Vater	-,338***	,210*	,023	-,112
Freizeit mit Gleichaltrigen				
Freizeit mit Gleichaltrigen (WT)	-,233**	,120	-,167*	,193**
Freizeit mit Gleichaltrigen (WE)	-,136	,212*	-,238***	,304***

Anmerkung: *P<,05 ** P<,01 ***P<,001
Schule: Schulniveau, Note: die Durchschnittsnote der Schüler.

Zusammenfassung

Die obigen dargestellten Ergebnisse werden im Folgenden zusammengefasst:
> In China sind signifikante positive Korrelationen zwischen Zeit für Haushaltspflichten und der Durchschnittsnote zu finden, hingegen gibt es zwischen Zeit für Haushaltspflichten und dem Schulniveau sehr signifikante negative Korrelationen. Das bedeutet, dass mit steigenden Durchschnittsnoten und niedrigem Schulniveau Jugendliche in China mehr Zeit für Haushaltspflichten haben. Bei deutschen Jugendlichen korreliert die Zeitnutzung der Mithilfe zu Hause auch negativ mit dem Schulniveau,

aber *nicht so stark wie in China*. Zwischen der Durchschnittsnote und Zeit für Haushaltspflichten gibt es keine signifikante Korrelation in Deutschland.
➢ Insgesamt ist es deutlich, dass in Deutschland Freizeitvariablen mit der Durchschnittsnote negativ korrelieren und mit dem Schulniveau positiv korrelieren. Z. B. die deutschen leistungsschwächeren Jugendliche und Jugendliche aus Schulen mit höherem Schulniveau musizieren mehr, besuchen häufiger Kino, Konzert, Theater und Museen und gehen öfter zur Bibliothek usw. Solche sichtbare Zusammenhänge sind *in China weniger sichtbar* bzw. hängen die Aktivitäten nicht immer mit dem Schulniveau oder mit der Durchschnittsnote zusammen. Es wurden noch gemeinsame Zusammenhänge bei der Aktivität „Fernsehen" in beiden Ländern gefunden, nämlich negative Korrelationen mit dem Schulniveau und positive Korrelationen mit der Durchschnittsnote. D. h. Jugendliche aus Schulen mit niedrigem Niveau und mit stärkeren Leistungen sehen länger fern.
➢ Bei den verschiedenen Aktivitäten mit Eltern sind sowohl negative Korrelationen mit dem Schulniveau als auch positive Korrelationen mit der Durchschnittsnote in beiden Ländern zu finden. In Deutschland sind solche Zusammenhänge zwischen Freizeitaktivitäten mit Eltern und den Schulleistungen *stärker als in China*. Z. B. deutsche Jugendliche aus Schulen mit niedrigem Niveau und mit stärkeren Leistungen gehen öfter in Museen oder Ausstellungen und ins Theater oder Konzert mit Eltern usw. Gespräche mit Eltern (fast bei allen Gesprächsthemen) sind in China sehr signifikante negative Korrelationen mit den Durchschnittsnoten zu finden, was *in Deutschland kaum ausgeprägt* sind. D. h. chinesische Jugendliche mit sinkenden Leistungen sprechen häufiger mit ihren Eltern. Es bestehen gleiche Zusammenhänge zwischen Freizeit mit Gleichaltrigen und den Schulleistungen in beiden Ländern, nämlich negative Korrelationen mit dem Schulniveau und positive Korrelationen mit der Durchschnittsnote, *in China sind diese Zusammenhänge stärke ausgeprägt* als in Deutschland. Das bedeutet, dass Chinesische Jugendliche aus Schulen mit höherem Niveau und mit sinkenden Leistungen weniger Zeit mit Gleichaltrigen verbringen.

Im Hinblick auf den obigen Ergebnissen lässt sich bestätigen, dass zwischen den außerschulischen Freizeitaktivitäten und den Schulleistungen in beiden Ländern signifikante Zusammenhänge bestehen.

6. Zusammenfassung und Folgerung

6.1 Zusammenfassung der Untersuchung

Zentrale Forschungsfragen

Eine zentrale Frage der vorliegenden Arbeit war, wie viel Zeit die Schülerinnen und Schüler wofür aufwenden oder welche Aktivitäten mit welchem Gewicht in den Schülerinnen- und Schüleralltag gehören? Um die Zeitnutzung von Jugendlichen aus der Sicht der verschiedenen Kulturen in Deutschland und China zu ermitteln und zu vergleichen wurde eine Zeitnutzungserhebung in den Jahren 2004/05 in China und Deutschland bei 374 Schülern der 8. Jahrgangsklasse durchgeführt. Es wurden auch die Lehrkräfte zur Unterrichtsgestaltung befragt. Anhand der gewonnenen Daten wurden die Unterschiede der Zeitnutzung von Jugendlichen in beiden Ländern dargestellt, die relative Einflussstärke der verschiedenen Kulturen geklärt und Zusammenhänge zwischen Schulleistungen und Zeitnutzung eruiert.

Wichtigste Ergebnisse

In der vorliegenden Arbeit wurde Zeitnutzung von Jugendlichen unter der Kategorisierung „Unterrichtszeit", „Zeit in der Schule", „schulbezogene Zeit" und „außerschulische Freizeit" analysiert (vgl. Kapitel 2.8). Um die Zeitnutzung von Jugendlichen in Deutschland und in China umfassend vergleichen und die Hypothesen überprüfen zu können, wurden drei Dimensionen („Zeit in der Schule", „schulbezogene Zeit" und „außerschulische Freizeit") des Vergleichs mit verschiedenen Variablen der Zeitnutzung ausgewählt. Nach der Analyse der Befragung und der Diskussionen der Ergebnisse werden die Untersuchung in folgenden Punkten zusammengefasst:

1. Zeit in der Schule

Die Ansprüche der Schule an die Schülerinnen und Schüler sind vielfältig, komplex und sehr unterschiedlich zwischen beiden Ländern. Das Schuljahr in China umfasst theoretisch 195 Unterrichtstage, während in Deutschland 186 Unterrichtstage. Chinesische Jugendliche verbringen an einem Vollschultag mindestens rund 31 bis 34 Prozent der Gesamtzeit von 24 Stunden in der Schule, während in Deutschland 23 bis 26 Prozent. Nach dem Unterricht sollen die chinesischen Schüler (59,1% der Schüler) noch in der Schule sein, entweder wegen Klassenreinigung (oder große Schulereinigung), „Beileigruppe" – eine vertiefte Lerngruppe, Sportgruppe oder hoch spezielle Lerngruppe. In den deutschen Schulen werden regelmäßige Arbeitsgemeinschaften und Sportturniere angeboten. 32,2% der Schüler erhalten irgendwelche Aktivitäten nach dem Unterricht. Sowohl die Unterrichtszeit von den gleichen Hauptfächern A (Mathematik, Englisch und Chinesisch/Deutsch) als auch von den anderen Fächern B (die meisten sind praxisorientierte Fächer) in chinesischen Schulen ist offensichtlich länger als in deutschen Schulen. Bezog man zusätzlich den Schultyp in dieser Frage mit ein, so zeigte sich, dass der gymnasiale Lehrplan vergleichsweise zeitlich höhere Ansprüche an deutsche Schüler stellt. Der beträchtliche Unterschied der gesamten Pflichtzeit in der Schule wird zwischen beiden Ländern durch die außerunterrichtlich verbrachte Pflichtzeit verursacht. Die außerunterrichtlich verbrachte Zeit in deutschen Schulen bezieht sich hauptsächlich auf Pausenzeit, während in chinesischen Schulen diese Zeit für verschiedene Aktivitäten eingesetzt wird, wie gesamtschulische Morgenversammlung, Tagesdienst der Klassenreinigung, personale Kontrolle, Morgenlesen, Gymnastik und Augenpflege usw. Dieser Unterschied zeigt, dass die chinesische Schule durch die umfassendere zeitliche Einbindung als Lebensschule stärkere sozialisierende Kräfte besitzt als die deutsche Schule als Lerninstitut (vgl. Teil 5.1).

2. Schulbezogene Zeit

In Hinblick auf schulbezogenen Aktivitäten ist Lernzeit außerhalb der Schule bei chinesischen Jugendlichen sichtbar länger als bei deutschen Jugendlichen, sowohl „Lernzeit allein zu Hause", „Lernzeit mit Freunden" als auch „Nachhilfezeit". Nur ein Teil der deutschen Jugendlichen außerschulische Lernhilfe nachfragt, während in China die Mehrheit der Jugendlichen im institutionell festgesetzten Zeitrahmen zum Lernen außerhalb der Schule geführt wird (vgl. Teil 5.2).

3. Außerschulische Freizeit

Angesichts der Anforderungen, mit denen Schüler und Schülerinnen in der Schule konfrontiert werden, verbringen chinesische Jugendliche weniger Zeit für außerschulischen Freizeitaktivitäten. Im Gegensatz zum größeren Anteil der Arbeitsbezogenen Zeit in China nehmen sich deutsche Jugendliche mehr Zeit für außerschulische Freizeitaktivitäten. Die Freizeitaktivitäten deutscher Jugendlicher sind stärker von Vielfältigkeit geprägt und die Teilnahme findet zeitlich länger und häufiger statt. Sie beteiligen sich mehr an Konsumaktivitäten als chinesische Jugendliche (vgl. Teil 5.3).

4. Zusammenhang zwischen Zeitnutzung für die außerschulischen schulbezogenen Aktivitäten und Schulleistungen

Die Zeitnutzung für die außerschulischen schulbezogenen Aktivitäten mit den Schulleistungen besteht in China ein engerer Zusammenhang, während in

Deutschland dieser Zusammenhang nicht signifikant ausgeprägt ist (vgl. Teil 5.5.1).

5. Zusammenhänge zwischen Zeitnutzung für die außerschulischen Freizeitaktivitäten und Schulleistungen

- In China sind signifikante positive Korrelationen zwischen Zeit für Haushaltspflichten und der Durchschnittsnote zu finden, hingegen gibt es zwischen Zeit für Haushaltspflichten und dem Schulniveau sehr signifikante negative Korrelationen. Dies traf für die befragten *deutschen* Schülerinnen und Schüler *weniger deutlich* zu.
- In Deutschland geregelte Freizeitvariablen korrelieren mit der Durchschnittsnote negativ und mit dem Schulniveau positiv. Solche sichtbare Zusammenhänge sind *in China weniger sichtbar* bzw. hängen die Aktivitäten nicht immer mit dem Schulniveau oder mit der Durchschnittsnote zusammen.
- Bei den verschiedenen Aktivitäten mit Eltern sind gleich negative Korrelationen mit dem Schulniveau und positive Korrelationen mit der Durchschnittsnote in beiden Ländern zu finden. In Deutschland sind solche Zusammenhänge *stärker als in China*. Gespräche mit Eltern sind in China sehr signifikante negative Korrelationen mit den Durchschnittsnoten zu finden, was *in Deutschland kaum ausgeprägt* ist. Es bestehen gleiche Zusammenhänge zwischen Freizeit mit Gleichaltrigen und den Schulleistungen in beiden Ländern, nämlich negative Korrelationen mit dem Schulniveau und positive Korrelationen mit der Durchschnittsnote, *in China sind diese Zusammenhänge stärke ausgeprägt* als in Deutschland (vgl. Teil 5.5.2).

Die folgenden Hypothesen wurden überprüft, die im Teil 3.4 aufgestellt waren:

- Die gesamte Lernzeit in und außerhalb der Schule ist in China länger als in Deutschland. Unter Zeitaspekten und Zeitkategorien verbringen deutsche Jugendliche mehr Zeit im außerschulischen Kontext als in China, bzw. die Alltagsstruktur von den deutschen Jugendlichen ist im Vergleich zu den Chinesischen Jugendlichen durch eine längere Freizeit geprägt. Die Befunde deuten an, dass es eine Konzentration auf das Lernen von Jugendlichen in China gibt, was vermuten lässt, dass chinesische Jugendliche unter großen Lernbelastungen leiden.
- Zwischen der Zeitnutzung für die außerschulischen schulbezogenen Aktivitäten und den Schulleistungen gibt es in China eine signifikante Korrelation, während in Deutschland dieser Zusammenhang weniger ausgeprägt ist.

➢ Zwischen dem Zeitaufwand für Freizeitaktivitäten und den Schulleistungen bestehen in den beiden Ländern signifikante Korrelationen.

6.2 Folgerungen

6.2.1 Zeitnutzung von Jugendlichen aus sozialisationstheoretischer Perspektive

Eine starke Lernbelastung bei chinesischen Jugendlichen

Nach dem Vergleich der Zeitnutzung von Jugendlichen zwischen Deutschland und China haben chinesische Jugendliche eine ziemlich starke Lernbelastung oder Lerndruck. Die Ergebnisse der Untersuchungen in Tianjing ergaben, dass 40% der Mittelschüler eine starke Lernbelastung haben (Zhao/Yuan, 2006). Das kann bedeuten, dass die Schulen mit höherem Niveau mehr schulische Anforderungen haben, z. B. Hausaufgaben, um ihre schulischen berühmten „Marken", wie besonders wichtige Versetzungsraten zu behalten (vgl. Teil 5.5.2). Daher müssen die Schüler mehr Zeit für schulbezogenes Lernen aufwenden. Ein anderer möglicher Erklärungsansatz ist in China die „Ein-Kind-Politik". Die Eltern setzen ihre Hoffnung in ihre Kinder und legen somit große Werte auf ihre Schulleistungen (vgl. Teil 3.1 und 3.3.5).

Als positiver Einfluss kann gesteigerte Lernzeit bei Jugendlichen zu mehr Kenntnis führen und schneller kulturelle Informationen überbringen. Aber negative Einflüsse werden oder wurden oft vernachlässigt:

➢ Mangel an subjektiv bedeutungsvollem Wissen, d. h. es wird zu wenig praxisbezogen gelernt und es gibt in der Schule nur wenige Dinge, die Schülern oder Schülerinnen wirklich Spaß machen.
➢ Die Sozialisationszeit von Jugendlichen wird verkürzt und die Chance des sozialen Lernens, die Chance des sozialen Rollenhandelns und der Selbstbildung der Jugendlichen werden reduziert.

In der Schule kann bei Jugendlichen die Entwicklung einer intellektuellen und sozialen Kompetenz erfolgen. Was macht eine gute Schule aus? Nach Haenisch zeichnen sich „gute Schulen aus durch positive Schülererwartungen und pädagogisches Engagement der Lehrer, durch eine starke Identifikation der Schüler mit ihrer Schule, durch präzise und anerkannte Leistungsansprüche, Stabilität des Kollegiums und gute Zusammenarbeit mit den Eltern" (Haenisch 1986 in Ulich 1991, S. 383). D. h. Schule als Sozialisationsinstanz soll nicht nur Schulleistung beachten und Jugendlichen viele Lernaufgaben verteilen, sondern durch „positive Schülererwartungen" noch soziale Kompetenz fördern (vgl. Teil 2.6.2). Aus dieser sozialisationstheoretischen Perspektive sollte die chinesische Schule zusätzlich zu den Fachinhalten auch soziale Fertigkeiten vermitteln (vgl. Teil 2.6.2) und mehr „Zeit und Raum" für Jugendliche zur Selbstbildung geben, großen Wert auf Persönlichkeitsentwicklung von Jugendlichen im „sozialen Bereich – also im Bereich von Werten und Normen, Wertorientierungen und Verhaltensweisen" (Kron, 2001, S. 53, vgl. Teil 2.6.1) legen und Forderungen von Jugendlichen zu sozialem Leben und zu sozialer Anpassung erfüllen. Hinsichtlich dem chinesischen Ganztagsschulsystem und längerer Anwesenheitszeit in der Schule verbringen chinesische Kinder und Jugendliche den größten Teil ihrer (schulischen) Zeit in der Schule. Wären in chinesischen Schulen mit Berücksichtigung der Schülererwartungen und Mitbestimmung vielfältigere Freizeitangebote möglich, z. B. sportlicher, musikalischer Art, könnten damit alle Freizeiteinrichtungen besser genutzt werden (Nach den Ergebnissen der vorliegenden Arbeit wurden die Freizeiteinrichtungen selten genutzt, vgl. Teil 5.3.2.3 und 3.3.4.2). Das Angebot lohnt sich besonders für Jugendliche, die weniger oder keine Freizeitaktivitäten in ihrer Freizeit (außer Schule) ausübten.

Chinesische Mittelschüler leiden unter Schlafmangel wegen der starken Lernbelastung

Wegen diesen starken Lernbelastungen können chinesische Schüler nicht genügend schlafen. Die Befunde einer Befragung aus dem Jahre 2003/04 (Eine Untersuchung der Gewohnheiten des Lebens von chinesischen Kindern und Jugendlichen in den Städten) ergaben, dass 66.6% der Grundschüler weniger als 10 Stunden pro Nacht schlafen und 77,1% der Mittelschüler weniger als 9 Stunden (Sun/Guan,2005). Schlafmangel entsteht aus unterschiedlichen Gründen. In der gleichen Untersuchung gaben 49,5% der Schüler an, dass sie zu viele Hausaufgaben hätten. 32.3% der Schüler waren langsamer beim Hausaufgabenmachen, daher konnten sie nicht rechtzeitig zu Bett gehen. 24.4% der Schüler gaben an, früh in der Schule sein zu müssen, 13,4% der Schüler benötigten viel Zeit für außerunterrichtliches Lernen und 6,7% der Schüler mussten Nachhilfe nehmen. Die chinesische Bildungskommission hatte 1994 eine Richtlinie erlassen, dass Grundschüler mindestens 10 Stunden, Mittelschüler mindestens 9 Stunden und Studenten mindestens 8 Stunden Schlaf haben sollten (vgl. Teil 3.3.3.2). Die Ergebnisse der vorliegenden Arbeit und der erwähnten Untersuchungen kann man auf die Stundenpläne der Schüler zurückzuführen. Meistens treffen die Schüler zwischen 7.00 Uhr und 7.30 Uhr in der Schule ein, daher müssen sie normalerweise zwischen 6 Uhr und 6.30 Uhr aufstehen (Manche Mittelschüler müssen zwischen 6.00 Uhr und 6.30 Uhr in der Schule sein, z. B. wegen Reinigungspflicht oder morgendlichem Lesen usw., daher müssen sie bereits zwischen 5.00 Uhr und 5.30 Uhr aufstehen). Weiterhin müssen chinesische Jugendlichen an einem Vollschultag mindestens 8 Stunden in der Schule verbringen. (Wenn sie vertiefte Lernaktivitäten von einer Lerngruppe oder Sportaktivitäten wahrnehmen, müssen sie noch mindestens eine Stunde in der Schule bleiben, oder sie besuchen einen Nachhilfeunterricht). Nach dem Essen machen sie allein zu Hause oder mit Freunden Hausaufgaben. Viele Mittelschüler gehen gegen 22 Uhr ins Bett.

Nach den Vorschriften „der Gesundheit und Arbeit 1990" vom Ministerium für Gesundheit und Erziehung sollten Mittelschüler nicht mehr als 8 Stunden pro Tag lernen, die Unterrichtszeit dabei eingerechnet. Dies ist in der Praxis aber nur selten zu erreichen. Die Umfragen ergaben, dass viele Schulen täglich 10 Stunden und sogar mehr als 12 Stunden Unterricht haben. Leider nehmen die chinesischen Schulen praktisch überhaupt keine Rücksicht auf diese biologisch vorgegebenen Schlafzyklen. Im Gegenteil leiden Jugendliche häufiger bei früherem Schulbeginn unter zunehmendem Schlafdefizit und führen auch häufiger zur negativen Konsequenzen und Folgen, wie z. B. verringerte Lebensqualität, Einschränkungen sozialer Aktivität, wegen Müdigkeit Appetitlosigkeit oder Einschlafen im Unterricht und Übermüdung tagsüber usw. Außer der körperlichen negativen Folgen wirkt sich Schlafmangel auch auf die Psyche aus, was z. B. zu Wahrnehmungs- und Konzentrationsfähigkeitsabnahme führt, und dazu dass man weniger schnell auf äußere Faktoren und Reizbarkeit reagieren kann usw.

Empfehlungen:

➢ Lehrerinnen und Lehrer sollten auf schulische und außerschulische Belastungen von Schülerinnen und Schülern sensibel reagieren. Insbesondere wenn ein Schüler oder eine Schülerin gleichzeitig oder kurzfristig mehrere Problemsituationen erfährt. In einer solchen Situation helfen Lehrkräfte am besten. Das setzt allerdings voraus, dass Lehrkräfte mehr psychosoziale Kenntnisse haben. Mit diesem Wissen müssten Lehrkräfte im Verlaufe der Ausbildung vertraut gemacht werden und müssten in der Praxis mit den häufigst kontaktierten Institutionen in Kontakt stehen.
➢ In China sollten mehr Fachstellen eingerichtet und besser genutzt werden, wie z. B. Familien- und Erziehungsberatungsstellen, schulpsychologische Dienste oder Sozialdienst usw..
➢ Es könnte die Belastung vermindert werden, wenn neue Formen der Leistungsprüfung eingeführt würden. Es lässt sich vermuten, dass es lange Zeit benötigt.
➢ Es wäre wünschenswert diese spezielle Belastungssituation mit einer Veränderung der Stundentafel zu verbessern. Z. B. wäre der Schulbeginn auf 8 Uhr oder sogar 9 Uhr morgens zu verschieben, die Mittagspause wäre auch verkürzt, und die Schüler sollten vor 17 Uhr die Schule verlassen. In diesem Sinne könnte die Schule noch aus eigener Initiative die Hausaufgaben reduzieren.

Schlafmangel kann auch bei deutschen Jugendlichen vorkommen, aber im Vergleich zu China aufgrund ganz unterschiedliche Ursachen, wie z. B. Diskobesuche, Computer oder zu langes Fernsehen. Es ist schwierig eine Empfehlung für den Umgang mit dieser Problematik zu geben. Grundsätzlich sollten die Jugendlichen zumindest am Wochenende oder in den Ferien versuchen, ihr Schlafdefizit auszugleichen oder die Eltern sollten die Kinder vor 22 Uhr ins Bett gehen schicken.

Überlegung der Mediennutzung von Jugendlichen der beiden Länder

Die Beeinflussung durch Mediennutzung wird besonders intensiv bei Kindern und Jugendlichen gesehen (Schorb/Mohn/Theunert in Hurrelmann/Ulich, 1991, S. 495). Normen und Werte werden heute in erheblichem Maße durch Massenmedien vermittelt. Heranwachsende nutzen die Medien für unterschiedliche kommunikationsrelevante Bedürfnisse, wie „kognitive, affektive, integrative und soziale Bedürfnisse" (vgl. Berg/Kiefer, 1986, S. 18; Teil 2.6.3). Im Leben der heutigen Jugendlichen kann die Mediennutzung positive Multifunktionalität haben, z. B. kann sie zur Orientierung der Jugendlichen und zur Lebensbewältigung beitragen; zur Steigerung des Lebensgefühls und zur Erregung der Sinne; Informationsquelle über neue Lebensstile, Moden und Verhaltensweisen usw.; Problemlösung; eigenes Wissen und Kompetenz zu demonstrieren usw. Nach dem Vergleich der Mediennutzung in den beiden Ländern haben die deutschen Jugendliche mehr und häufiger Medienangebote genutzt, dann die chinesischen Jugendliche haben weniger Akkumulation des kulturellen Kapitals in der gleichen Lebensphase als die deutsche Jugendlichen.
Wenn an ein Problem dialektisch herangegangen wird, hat die Mediennutzung noch negative Auswirkungen, wie z. B. Gewalt, Amokläufe unter Einfluss von Fernsehen, Videos, Computerspielen oder Drogenkonsum usw. Das wurde schon in den deutschen Medien mehr mal diskutiert. Die außerunterrichtlich verbrachte Zeit in deutschen Schulen bezieht sich hauptsächlich auf die kurze Unterrichtspausenzeit, daher lässt sich vermuten, dass sich der Klassenlehrer oder die Klassenlehrerin eigentlich nicht um die Probleme seiner bzw. ihrer Schülerinnen und Schüler kümmere.
Bei chinesischen Jugendlichen werden Medien wegen starker Lernbelastung weniger genutzt. Es lässt sich vermuten, dass es wenige negative Auswirkungen unter Mediennutzung gibt. Aber „individuelle Adaption" (Schorb/Mohn/Theunert in Hurrelmann/Ulich, 1991, S. 495; vgl. Teil 2.6.3) am neue Verhältnisse oder am soziale Umwelt ist schwach. Daher traten in den letzten Jahren bei dieser jungen Generation oft abnormales Phänomen der Persönlichkeitsentwicklung, wie z. B. Selbstmord usw. auf.

6.2.2 Zeitnutzung von Jugendlichen aus pädagogisch-psychologischer Perspektive

Die Jugendliche in Deutschland und in China unterscheiden sich hinsichtlich der zeitlichen Belastung. Bei chinesischen Jugendlichen sind die „Nominale Unterrichtzeit" (die zugeteilte Lernzeit beim Modell von Carroll 1963), die „tatsächliche Unterrichtzeit" und Sollanwesenheitszeit (Treiber/Weinert, 1982, vgl. Teil 2.5) sichtbar länger als bei deutschen Jugendlichen. Die chinesischen Schüler müssen 195 Unterrichtstage haben, in Deutschland aber 186. 7,42 bis 8,08 Stunden müssen die chinesischen Schüler in der Schule bleiben, die deutschen Schüler nur 5,45 bis 6,27 Stunden. Wenn bei chinesischen Schülern die Lernaktivitätszeit, wie Nachhilfe und andere Aktivitäten außerhalb der Schule, mitgerechnet werden, kommt ein einziges Ergebnis heraus: mehr als 10 Stunden zum Lernen, Schlafmangel (vgl. Teil 6.2.1) und nicht genug Zeit für Freizeitaktivitäten.

Je mehr nach dem Modell von Carroll (1963) Schüler lernt, desto größer der Lernerfolg. Ein wichtiger Punkt muss betont werden: Lernaktivitäten bringen den chinesischen Jugendlichen eine sehr große Belastung. Nach der eigenen Untersuchung wurde noch ermittelt, dass chinesische Jugendliche mit sinkenden Schulleistungen mehr lernen müssen. D. h. die leistungsstärkeren Schüler nutzen nicht unbedingt mehr Zeit zum Lernen als die leistungsschwächeren Schüler. Dieser Befund kann mit der Theorie von Helmke/Weinert (1997) erklärt werden. Die Determinanten der Schulleistungen lassen sich nach Bereichen unterscheiden. Nach Helmke und Weinert (1997) bestehen Bedingungsfaktoren schulischer Leistungen abhängig von Kontextbedingungen, individuellen Determinanten, familiären Determinanten und Determinanten von Unterricht und Lehrerpersönlichkeit. Die einzelnen Determinanten können nicht isoliert betrachtet werden, da Schulleistungen multipel determiniert sind (vgl. Teil 2.5).

Ausgehend von den Ergebnissen der eigenen Untersuchung spielt in China die Unterrichtzeit in der Schule eine wichtige Rolle. Wenn man die „schulexternen Faktoren, individuelle und familiäre Faktoren" nach Helmke und Weinert (1997) schwer verändern kann, müssen die „Unterrichtsqualität und Lehrpersönlichkeit" mehr beachtet werden. Mit anderen Worten können die Schulleistungen mit höherer Unterrichtsqualität und höherem Lehrpersönlichkeitsniveau gesteigert werden.

6.3 Überlegung zu weiteren Forschungsaufgaben

Zum Schluss werden einige Hinweise zur weiteren Untersuchung der Zeitnutzung von Jugendlichen gegeben. In der vorliegenden Arbeit wurden Jugendliche der achten Jahrgangsstufe der allgemeinbildenden Schulen in Deutschland und in China als Zielgruppe der Untersuchung ausgewählt. Aufgrund der begrenzten finanziellen, personellen und zeitlichen Möglichkeiten war es nicht möglich, eine Wahrscheinlichkeitsstichprobe für alle Jugendliche der achten Klasse in Deutschland und China zu erheben, d. h. eine Beurteilungsstichprobe wurde ausgewählt. Daher wurde die Zielgruppe nur auf zwei Städte begrenzt, nämlich die Stadt Tübingen in Deutschland und die Stadt Shen Yang in China. Daraus ergibt sich der Wunsch, dass in weiteren Forschungen die Altersgruppe und Untersuchungsregionen erweitert und die Wahrscheinlichkeitsstichprobe berücksichtigt werden sollten. Wenn man sich für eine andere Kombination der Vergleichsländer über Zeitnutzung entscheidet, können neue Perspektiven eröffnet und die passenden Instrumente verwendet werden. Um die Zusammenhänge zwischen Lernerfolg und Zeitnutzung in den nächsten Untersuchungen völlig zu eruieren soll man noch andere Variablen außer den von mir genanten Variablen berücksichtigen. Beispielsweise könnten Familienstand, Elternbildungsniveau, Ausgaben für Bildung durch die Eltern und ökonomische Bedingungen die individuelle Entwicklung Einfluss usw. nehmen. Schließlich wäre es wünschenswert, Informationen nicht nur über Selbstberichte, sondern auch von den Eltern, den Lehrern und Lehrerinnen sowie anderen wichtigen Bezugspersonen zu erhalten.

7. Literaturverzeichnis

Abel, J./Möller, R./Treumann, K. P.: Einführung in die empirische Pädagogik, Stuttgart, Berlin, Köln, 1998

Arbeitsgesetz Chinas: 05.07.1994

Arbeitsgruppe Bildungsbericht am Max-Planck-Institut für Bildungsforschung: Das Bildungswesen in der Bundesrepublik Deutschland, Strukturen und Entwicklungen im Überblick, Rowohlt Taschenbuch Verlag, 1994

Aselmeier, U./Kron, F. W./Vogel, G.: Der Faktor Zeit im Unterricht, Beiträge zu einer neuen Lernkultur, Schäuble Verlag, 1991, S. 63–74

Außerschulische Einrichtungen Chinas, Online: http://www.xugu.net/serve/outschool.htm

Belardi, N.: China Sozial, Modernisierung und Sozialwesen in der VR China und Hongkong, Marburg, 1993

Berg, K./Kiefer, M. L.(Hrsg.): Schriftenreihe Media Perspektiven, 6, Jugend und Medien, eine Studie der ARD/ZDF-Medienkommission und der Bertelsmann Stiftung, Alfred Metzner Verlag, 1986

Blanke, K./Ehling, M./Schwarz, N.: Zeit im Blickfeld, Ergebnisse einer repräsentativen Zeitbudgeterhebung, Verlag W. Kohlhammer, 1996

Bildungsrecht Chinas vom 18.03.1995

Brinkmann, G./Döbrich, P./Pirgiotakis, J.: Zeit für Schule, Italien, Griechenland, Böhlau Verlag, Köln, Wien, 1991

Boffinger, J.: Schüler – Freizeit – Medien, eine empirische Studie zum Freizeit- und Medienverhalten 10- bis 17-jähriger Schülerinnen und Schüler, Ko-Päd Verlag München, 2001

Böttcher, W./Klemm, K./Rauschenbach, T.(Hrsg.): Bildung und soziales in Zahlen. Juventa Verlag, Weinheim und München, 2001, S. 57–80; 331–349

Brinkmann, G./Peters, J./Stokes, P.: Zeit für Schule, Niederlande, England und Wales, Böhlau Verlag, 1991

Bundesministerium für Bildung und Forschung: Grund- und Strukturdaten 2005

Bundesministerium für Familie, Senioren, Frauen und Jugend, statistisches Bundesamt: Wo bleibt die Zeit? Die Zeitverwendung der Bevölkerung in Deutschland 2001/02

Bühl, A./Zöfel, P.: SPSS11, Einführung in die moderne Datenanalyse unter Windows, München, 2002

Carroll, J. B.: A model of school learning. Teacher College Record, 1963, 64(8), 723–733.

China youth Daily: Eine Untersuchung des Entwicklungszustands von gegenwärtigen chinesischen Kindern und Jungendlichen, 17.01.2000

Chisaki, Toyama-Bialke: Jugendliche Sozialisation und familiäre Einflüsse in Deutschland und Japan, Köln, Weimar, 2000

Cortina, K. S./Baumert, J./Leschinsky, A./Mayer, K. U./Trommer, L.(Hg.): Das Bildungswesen in der Budesrepublik Deutschland, Strukturen un Entwicklungen im Überblick, Rowohlt Taschenbuch Verlag, 2003

Curriculumsplanung der ganztätigen Grund- und Mittelschule der Unterstufe von der neunjährigen Schulpflicht: Chinesische Bildungskommission, 06.08.1992

Das „Statut der Chinesischen Jungen Pioniere" 1995

Der Zustand des Chinesischen Kommunistischen Jugendverband, Online, 11.04. 2006: http://www.gqt.org.cn in:
http://www.ccyl.org.cn/history/situation/200611/t20061129_2758.htm

Die Hochschulbildung in China (online):
http://www.china-club.de/china/bildungssystem/e.hochschule.html

Die Oberschulbildung in China (Online):
http://www.china-club.de/china/bildungssystem/d.oberschule.html

Die Zeitbegriff in China (Online):
http://zh.wikipedia.org/wiki/%E6%97%B6%E9%97%B4

Dietsch, K. A.: China, Reiseführer mit Landeskunde, Dreieich, 1996

Dilger, B./Henze, J.: Das Erziehungs- und Bildungswesen der VR China seit 1969, Bochum-Hamburg, 1978

Döbert, H./Hörner, W./von Kopp, B./Mitter, W.: Die Schulsysteme Europas, Schneider Verlag Hohengehren, 2002, S. 92–114

Döbrich, P./Huck, W./Schmidt, G.: Zeit für Schule, Bundesrepublik Deutschland, deutsche Demokratische Republik, Böhlau Verlag Köln Wien, 1990

Ein Überblick über die Entwicklung der Curriculumstandards und Curriculumplans in der Grundbildung Chinas (Online): http://www.pep.com.cn/200406/ca436336.htm

Führ, C.: Deutsches Bildungswesen seit 1945, Grundzüge und Probleme, Luchterhandverlag, 1997

Franke, R. F.-S.: Das Bildungswesen in China, Reform und Transformation, Böhlau Verlag Köln Weimar Wien, 2003, S. 9–30

Fromme, J./Hatzfeld, W./Tokarski, W. (Hrsg): Zeiterleben, Zeitverläufe, Zeitsysteme, Bielefeld, 1990

Fromme, J./Kommer, S./Mansel, J./Treumenn, K. P.: Selbstsozialisation, Kinderkultur und Mediennutzung, Leske+Budrich, Opladen, 1999

Führ, C.: Deutsches Bildungswesen seit 1945, Grundzüge und Problem, Luchterhand Verlag, Berlin, 1997

Garhammer, M.: Balanceakt Zeit, Auswirkungen flexibler Arbeitszeiten auf Alltag, Freizeit und Familie, Berlin, 1994; 1996

Garhammer, M.: Wie Europäer ihre Zeit nutzen, Zeitstrukturen und Zeitkulturen im Zeichen der Globalisierung, Berlin, 1999

Geißler, R.: Die Sozialstruktur Deutschlands, die gesellschaftliche Entwicklung vor und nach der Vereinigung, Westdeutscher Verlag, 2002, S. 334–350

Geographie Chinas (Online): http://culture.china.com/zh_cn/zhuanti/worldchinese/chinamap.htm

Geulen, D./Hurrelmann, K.: Zur Programmatik einer umfassenden Sozialisationstheorie, 1980, In: Hurrelmann, K./Ulich, D.: Handbuch der Sozialisationsforschung, Beltz Verlag, Weinheim und Basel, 1980, S. 51–67

Grundmann, M.: Sozialisation, Skizze einer allgemeinen Theorie, UVK Verlagsgesellschaft mbH, 2006

Goodson, I. F./Hopmann, S./Riquarts, K.(Hg.): Das Schulfach als Handlungsrahmen, vergleichende Untersuchung zur Geschichte und Funktion der Schulfächer, Böhlau Verlag Köln Weimar Wien, 1999

Grundschulerziehung in China (Online):
http://www.china-club.de/china/bildungssystem/b.grundschule.html

Gudjons, H.: Pädagogisches Grundwissen, Klinkhard, 2001, S. 19–20; 265–300

Haug, R.: Zeit in der Schule, Werkstaatbericht 10, Frankfurt am Main, 1991

Herrlitz, H. G./Hopf, W./ Titze, H.: Deutsche Schulgeschichte von 1800 bis zu Gegenwart, Juventa Verlag Weinheim und München, 1998, S. 203–230

Henze, J.: Hochschulzugang in der Bundesrepublik China, Köln, Wien, Weimar, 1991, S. 185–261

Henze, J.: Berufliche Bildung des Auslands, Volksrepublik China, Baden-Baden, 1989, S. 24–61; 103–127

Henze, J.: Bildung und Wissenschaft in der VR China zu Beginn der achtziger Jahre, Hamburg, 1983

Helmke, A./Weinert, F. E.: Bedingungsfaktoren schulischer Leistungen, 1997. In Weinert, F. E. (Hrsg.): Enzyklopädie der Psychologie, Themenbereich D Praxisgebiete, Serie I Pädagogische Psychologie, Band 3 Psychologie des Unterrichts und der Schule, 1997, Göttingen, S. 71–152

Hochschulaufnahmeprüfung (Online):
http://german.cri.cn/chinaabc/chapter8/chapter80302.htm

Holz, E.: Zeitverwendung in Deutschland, Beruf, Familie, Freizeit, Statistisches Bundesamt, Wiesbaden, 2000

Huang, Chun-Chieh/Zürcher, E.: Time and space in chinese culture, Leiden; New York; Köln, 1995, S. 50–59

Hurrelmann, B.: Fernsehen in der Familie, Auswirkungen der Programmerweiterung auf den Mediengebrauch, Juventa Verlag, 1989

Hurrelmann, K.: Einführung in die Sozialisationstheorie, Beltz Verlag, 2002, S. 11–18; 187–268

Hurrelmann, K./Albert, M.: Jugend 2002, Frankfurt am Main, 2002, S. 54–86

Hurrelmann, K./Ulich, D.(Hrsg.): Handbuch der Sozialisationsforschung, Beltz Verlag, Weinheim und Basel, 1980

Hurrelmann, K./Ulich, D.(Hrsg.): Neues Handbuch der Sozialisationsforschung, Beltz Verlag, Weinheim und Basel, 1991

Kausch, A.: China, die klassische Reise – Kaiser- und Gartenstädte, Heilige Berge und Boomtowns, Köln, 1999

Köck, P./Ott, H.: Wörterbuch für Erziehung Unterricht, Verlag Ludwig Auer Donauwörth, 1994, S. 345–349; 770; 808

Krappmann, L.: Sozialisation in der Gruppe der Gleichaltrigen, in: Hurrelmann, K./Ulich, D.: Neues Handbuch der Sozialisationsforschung, Beltz Verlag, 1991, S. 355–375

Krekeler, G.: Messprobleme der Zeitbudgetforschung, eine Untersuchung zur Reliabilität und Validität von Kindertagebucherhebungen, Waxmann Müster/New York, 1995

Kreitz-Sandberg, S.: Jugendliche in Japan und Deutschland, Opladen, 2002

Kron, F. W.: Grundwissen Pädagogik, Ernst Reinhardt Verlag München Basel, 2001, S. 51–54; 82–187

Kulturminister Konferenz: Bildungsbericht für Deutschland, erste Befunde, Leske + Budrich, Opladen 2003

Lange, E.: Jugendkonsum im 21. Jahrhundert, eine Untersuchung der Einkommens-, Konsum- und Verschuldungsmuster der Jugendlichen in Deutschland, unter Mitarbeit von Sunjong Choi, Wiesbaden, 2004, S. 23–27

Lehmkuhl, U.(Hg.): Die Bedeutung der Zeit, Zeiterleben und Zeiterfahrung aus Sicht der Individualpsychologie, Vandenhoeck und Ruprecht in Göttingen, 2005, S. 30–30

Lenzen, D.(Hg.): Pädagogische Grundbegriffe, Band 2 Jugend bis Zeugnis, Reinbek bei Hamburg, 1989, S. 799–817; 1633–1637

Liegle, L.: Kulturvergleichende Ansätze in der Sozialisationsforschung. In: Hurrelmann, K./Ulich, D.: Neues Handbuch der Sozialisationsforschung, Beltz Verlag, 1991, S. 215–230

Li, Yousui: Soziale Entwicklung von Kindern, Shanghai, 2004

Mack, W./Raab, E./Rademacker, H.: Schule, Stadtteil, Lebenswelt, eine empirische Untersuchung, Leske + Budrich, Opladen, 2003, S. 99–127

Mittelschulerziehung in China (Online):
http://www.china-club.de/china/bildungssystem/c.mittelschule.html

Mitter, W./von Kopp, Betho(Hrsg.): Die Zeitdimension in der Schule als Gegenstand des Bildungsvergleichs, Köln, Weimar, Wien, 1994

MOE (Ministry of Education): Statistikkommunique der Entwicklung des chinesischen Bildungswesens 1978, Beijing 27.06.1979

MOE (Ministry of Education): Statistikkommunique der Entwicklung des chinesischen Bildungswesens 2001, Beijing 13.06.2002

MOE (Ministry of Education): Statistikkommunique der Entwicklung des chinesischen Bildungswesens 2002, Beijing 2003

MOE (Ministry of Education): Statistikkommunique der Entwicklung des chinesischen Bildungswesens 2003, Beijing 27.05.2004

MOE (Ministry of Education): Statistikkommunique der Entwicklung des chinesischen Bildungswesens 2004, Beijing 27.07.2005

Myrtek, M.: das Online Familiehandbuch, Folgen des Fernsehens bei Kindern und Jugendlichen, 26.09.2006:
http://www.familienhandbuch.de/cmain/f_Aktuelles/a_Kindliche_Entwicklung/s_742.html

National Bureau of statistics of China: Statistikkommunique der Entwicklung des chinesischen Bildungswesens 1994

Nolteernsting, E.: Jugend, Freizeit, Geschlecht, der Einfluss gesellschaftlicher Modernisierung, Leske BUdrich, Opladen, 1998

Nowak-Speich, R.: Bildung uns Erziehung in der Volksrepublik China Interdependenzen von Politik, Wirtschaft und Pädagogik, Dissertation, 2006

Oberschulaufnahmeprüfung (Online):
http://german.cri.cn/chinaabc/chapter8/chapter80301.htm

Presse- und Informationsamt der Bundesregierung: Tatsachen über Deutschland, Westermann, Braunschweig, 1998, S. 10–32

Schaub, H./Zenke, K. G.: Wörterbuch Pädagogik, Müchen, 2000

Schorb, B./Mohn, E./Theunert, H.: Sozialisation durch (Massen-)Medien, In: Hurrelmann/Ulrich: Neues Handbuch der Sozialisationsforschung, Beltz Verlag, 1991, S. 494–508

Sekretariat der ständigen Konferenz der Kulturminister der Länder in der Bundesrepublik Deutschland: Das Bildungswesen in der Bundesrepublik Deutschland 2004, Darstellung der Kompetenzen und Strukturen sowie der bildungspolitischen Entwicklungen für den Informationsaustausch in Europa

Statistische Veröffentlichungen der KMK: Schule in Deutschland, Zahlen, Faktten, Analysen, Nr.155, Juli 2001

Staatliches Statistikamt Chinas: Die Zahl der Bevölkerung, 2005

Straka, G. A.: Schule und Hochschule in der Volksrepublik China, Bremen, 1983

Sun, Hongyan/Guan, Ying: Sechs Hauptgedanken des gesunden Lebens von Kindern, Beijing, 2005

Sun Yunxiao: Die Vernachlässigung von der Erziehung, Online, 02.12.2006
http://www.cycrc.org/cnarticle_detail.asp?id=1425

Treiber, B./Weinert, F. E.(Hg.): Lehr-Lern-Forschung, ein Überblick in Einzeldarstellungen, München-Wien-Baltimore, 1982, S. 12–32

Trommsdorff, G.(Hrsg.): Kindheit und Jugend in verschiedenen Kulturen, Entwicklung und Sozialisation in Kulturvergleichender Sicht, Juventa Verlag Weinheim und München, 1995

Über allseitige Durchführung des Kurses auf dem Gebiet des Bildungswesens- Minderung der Belastung von den schulischen Hausaufgaben: Bildungskommission, 10.11.1994

Ulich, K.: Schulische Sozialisation. In: Hurrelmann, K./Ulich, D.: Neues Handbuch der Sozialisationsforschung, Beltz Verlag, Weinheim und Basel, 1991, S. 377–396

von Blimenthal, V./Nieser, B./Stübig, H./Willmann, B.: Ergebnisse und Perspektiven Vergleichender Bildungsforschung, zur Funktion des internationalen Bildungstransfers, Minerva Publikation München, 1984

von Kopp, B.: Zeit für Schule, Japan, Köln, Wien, 1990

Vorschulerziehung in China (online a):
http://german.cri.cn/chinaabc/chapter8/chapter80201.htm

Vorschulerziehung in China (Online b):
http://www.china-club.de/china/bildungssystem/a.vorschule.html

Wang, Chengxu/Gu, Yuanming: Vergleichende Erziehungswissenschaft, Beijing, 1999, S. 25–36; 67–79; 97–165

Wang, Zhiyang: Individuelle Differenzen und Lernpräferenzen, Eine vergleichende Untersuchung bei Studierenden zwischen Deutschland und China, Tectum Verlag, Marburg, 2005, S. 54–71

Weinert, F. E./Helmke, A.: Entwicklung im Grundschulalter, Psychologie Verlagsunion, Weinheim, 1997

Wolf, K./Scholz, K. M.: Neue Zeitverwendungsstrukturen und ihre Konsequenzen für die Raumordnung, Hannover, 1999

Zeitbudgetforschung (Online):
http://www.biologie.de/biowiki/Zeitbudgetforschung

Zhang, Hua: Die Einzelkinder sind erwachsen geworden (Online),:
http://www.chinatoday.com.cn/chinaheute/g2003/g2003n6/6g1.htm

Zhang, Kezhuang: Wertorientierung bei Studierenden, ein Vergleich zwischen China und Deutschland, Hamburg, 2002

Zhang, X. K.: Vom deutschen Hochschulsystem Lernen? Ein Beitrag zur Analyse und Reform der chinesischen Hochschulverwaltung unter Bezugnahme auf das deutsche Hochschulwesen, 2001, S. 45

Zhao, L. X./Yuan, L.: An Investigation on Middle School Students Academic Stress, Wissenschaftliche und pädagogische Zeitung Tian Jing, 02.2006

Zimmermann, p.: Grundwissen Sozialisation, Leske+Budrich, Opladen, 2000

Zinnecker, J./Silbereisen, R. K.: Kinderheit in Deutschland, aktueller Survey über Kinder und ihre Eltern, Juventa Verlag Weinheim und München, 1998

Zöfel, P.: Statistik verstehen. Ein Begleitbuch zur Computergestützten Anwendung, Addison Wesley Verlag, 2001

8. Anhang

Anhang I:

Fragebogen für die deutschen Jugendlichen der achten Jahrgangsstufe der allgemeinbildenden Schulen

Die Beantwortung des Fragebogens dauert ca. 20 Minuten. Die Angaben werden **anonym und vertraulich** behandelt und nur zu diesem Forschungszweck benutzt und nicht an Dritte weiter geleitet.

Für deine Mithilfe herzlichen Dank im Voraus!

Code-Nr.:

Zunächst bitte ich dich um einige Angaben:

a. Geschlecht: männlich_____ weiblich_____ Alter_____

b. Deutschnote im letzten Zeugnis _____, Mathematiknote im letzten Zeugnis _____, Englischnote im letzten Zeugnis _____.

c. Staatsangehörigkeit_____.

1. Bist du außerhalb der Unterrichtszeit und der außerunterrichtlichen Pflichtzeit noch in der Schule? Ja   Nein

Wenn ja, was sind die Gründe (an welchen Aktivitäten hast du teilgenommen)? Bitte kreuze die zutreffende Aktivität zuerst an und dann beantworte, wie viel Stunden du durchschnittlich wöchentlich für die jeweilige Aktivität benötigst.

1.1 regelmäßige Arbeitsgemeinschaften
Die Durchschnittsdauer dieser Aktivität beträgt wöchentlich ____Stunden.

1.2 Klubaktivitäten in der Schule
Die Durchschnittsdauer dieser Aktivität beträgt wöchentlich ____Stunden.

1.3 Sportturniere
Die Durchschnittsdauer dieser Aktivität beträgt wöchentlich ____Stunden.

1.4 Schülerverwaltung

Die Durchschnittsdauer dieser Aktivität beträgt wöchentlich ____Stunden.

1.5 Schülerkioskverkauf

Die Durchschnittsdauer dieser Aktivität beträgt wöchentlich ____Stunden.

1.6 Andere Aktivität:

Ich habe an_____teilgenommen. Die Durchschnittsdauer dieser Aktivität beträgt wöchentlich ____Stunden.

2. Lernst du außerhalb der Schule? Ja   Nein

Wenn ja, beantworte bitte die folgenden Fragen!

2.1 Die Lernzeit zu Hause beträgt _____Stunden wöchentlich.

2.2 Die Lernzeit mit Freunden beträgt _____Stunden wöchentlich.

2.3 Wenn du auch Nachhilfe wahrgenommen hast, beträgt die durchschnittliche Nachhilfeunterrichtszeit _____Stunden wöchentlich.

3. Hast du Verpflichtungen im Elternhaus? Ja   Nein

Wenn ja, beantworte bitte, wie viel Zeit du für Verpflichtungen im Elternhaus opferst.

3.1 Der durchschnittliche Zeitaufwand der Mithilfe zu Hause beträgt _____ Stunden pro Tag wochentags.

3.2 Der durchschnittliche Zeitaufwand der Mithilfe zu Hause beträgt _____ Stunden pro Tag an Wochenenden.

4. Verbringst du deine Freizeit mit Gleichaltrigen? Ja   Nein

4.1 Wenn ja, mit wem verbringst du deine Freizeit? Bitte kreuze Freizeitpartner an.

Nur mit Freunden des gleichen Geschlechts ☐

Meistens mit Freunden des gleichen Geschlechts ☐
Mehr mit Freunden des gleichen Geschlechts als mit Freunden des anderen Geschlechts ☐
Gleich oft mit Freunden beider Geschlechter ☐
Mehr mit Freunden des anderen Geschlechts als Freunden des gleichen Geschlechts ☐
Meistens mit Freunden des anderen Geschlechts ☐

4.2 Wie viel Zeit nimmst du dir für deine FreundInnen?
Wochentags durchschnittlich ____ Stunden pro Tag,
An Wochenenden durchschnittlich ____Stunden pro Tag.

5. Benutzt du Medien in deiner Freizeit benutzt?   Ja   Nein

Wenn ja, welche Medien werden von dir bevorzugt, bitte kreuze sie an; Dann beantworte, wie lange du diese Medien benutzt?

An Wochenenden = WE wochentags = WT

	Nutzung WT	*Nutzung WE*	**Die Nutzungsdauer WT (Stunden pro Tag)**	**Die Nutzungsdauer WE (Stunden pro Tag)**
Fernsehen	☐	☐		
Radio	☐	☐		
Musik hören	☐	☐		
Computer Spiele	☐	☐		
Comics	☐	☐		
Zeitschriften	☐	☐		
Zeitungen	☐	☐		
Bücher	☐	☐		

6. Hast du noch andere Freizeitaktivitäten außer Mediennutzung? Ja   Nein
Wenn ja, welche Freizeitaktivitäten außer Mediennutzung werden ausgeübt? Wie häufig übst du die folgenden verschiedenen Aktivitäten im Alltag aus? Bitte kreuze die Häufigkeit mit „selten" bis „täglich" bei der zutreffenden Aktivität an.

	nie/selten	1mal im Monat	1 mal in der Woche	Mehrmals in der Woche	täglich
Bummeln	☐	☐	☐	☐	☐
Einkaufen	☐	☐	☐	☐	☐
Fete feiern	☐	☐	☐	☐	☐
Musizieren	☐	☐	☐	☐	☐
Handarbeit/Basteln	☐	☐	☐	☐	☐
Malen/Zeichnen	☐	☐	☐	☐	☐
techn. Hobby	☐	☐	☐	☐	☐
Hobbys	☐	☐	☐	☐	☐
Blödsinn machen	☐	☐	☐	☐	☐

7. Gehst du ins Kino? Ja   Nein

Wenn ja, wie häufig im Jahr besuchst du das Kino? Bitte kreuze die Häufigkeit an!

Kinobesuch: nie   1–5mal   6–10mal   11–15mal   16–20mal   mehr als 21–mal

8. Gehst du zum Konzert? Ja   Nein

Wenn ja, wie häufig im Jahr gehst du zum Konzert? Bitte kreuze an!

Konzertbesuch: nie   1mal   2mal   3mal   4mal   5mal   öfter

9. Gehst du ins Theater? Ja   Nein

Wenn ja, wie häufig im Jahr gehst du ins Theater? Bitte kreuze an!

Theaterbesuch: nie   1mal   2mal   3mal   4mal   5mal   öfter

10. Gehst du ins Museum? Ja   Nein

Wenn ja, wie häufig im Jahr gehst du ins Museum? Bitte kreuze an!

Museumsbesuch: nie   1mal   2mal   3mal   4mal   5mal   öfter

11. Gehst du in die Bibliothek? Ja   Nein
Wenn ja, wie häufig im Monat gehst du in die Bibliothek? Bitte kreuze an!
Bibliotheksbesuch: nie   1mal   2mal   3mal
   4mal oder mehr im Monat

12. Gehst du abends aus? Ja   Nein
Wenn ja, wie häufig in der Woche gehst du abends aus? Bitte kreuze an.
Abendsausgehen: nie   fast nie   1mal   2mal   3mal
   4mal und häufiger

13. Verreist du? Ja   Nein
Wenn ja, wie häufig machst du? Bitte kreuze an.
   nicht   weniger als 1 Woche   1–2 Wochen
   2–3 Woche   3–4 Wochen   4–5 Wochen
   mehr als 5 Wochen

14.1 Gehörst du einem Verein oder einer Jugendgruppe an? Ja   Nein
Wenn ja, beantworte bitte die folgende Frage.
Ich nehme an Aktivität im Verein/in der Jugendgruppe _____ teil.
Hierfür beträgt die verwandte durchschnittliche Zeit ____ Stunden wochentags pro Tag,
____ Stunden an Wochenenden pro Tag.

14.2 Nimmst du Privatunterricht? Ja   Nein
Wenn ja, beantworte bitte die folgende Frage.
Was machst du?
_____ (z. B. Ballett, Musikinstrument etc.)
Hierfür beträgt die verwandte durchschnittliche Zeit ____ Stunden wochentags pro Tag,
____ Stunden an Wochenenden pro Tag.

15. Unternimmst du bestimmte Aktivitäten mit deinen Eltern? Ja   Nein

Wenn ja, Wie häufig übst du die folgenden zehn Aktivitäten mit Mutter und Vater zusammen aus? Bitte kreuze die zutreffenden Aktivitäten unter Häufigkeit an.

15.1 Mit der Mutter:

Aktivitäten mit Eltern	1–2mal im Monat	ein paar mal im Jahr	selten oder nie
Sport machen	☐	☐	☐
In Museen/Ausstellungen gehen	☐	☐	☐
Ausflüge/Spaziergänge	☐	☐	☐
Naturkundliche/technische Hobbys	☐	☐	☐
Handarbeit/Basteln	☐	☐	☐
Musizieren	☐	☐	☐
Malen/Zeichnen	☐	☐	☐
Spiele spielen	☐	☐	☐
Ins Theater/Konzert gehen	☐	☐	☐
Ins Kino gehen	☐	☐	☐

15.2 Mit dem Vater:

Aktivitäten mit Eltern	1–2mal im Monat	ein paar mal im Jahr	selten oder nie
Sport machen	☐	☐	☐
In Museen/Ausstellungen gehen	☐	☐	☐
Ausflüge/Spaziergänge	☐	☐	☐
Naturkundliche/technische Hobbys	☐	☐	☐
Handarbeit/Basteln	☐	☐	☐
Musizieren	☐	☐	☐
Malen/Zeichnen	☐	☐	☐
Spiele spielen	☐	☐	☐
Ins Theater/Konzert gehen	☐	☐	☐
Ins Kino gehen	☐	☐	☐

16. Wie häufig sprichst du über folgende Themen mit deinen Eltern? Bitte kreuze an.

16.1 Mit der Mutter:

Gesprächsthema	nie/selten	manchmal	oft	Sehr häufig
Was in der Schule passiert ist	☐	☐	☐	☐
Schullehrer/innen	☐	☐	☐	☐
Schulnoten/Zeugnisse	☐	☐	☐	☐
Zukünftige Ausbildung	☐	☐	☐	☐
Zukünftiger Beruf	☐	☐	☐	☐
Familie	☐	☐	☐	☐
Feste(r) Freund(in)	☐	☐	☐	☐
Sexualität	☐	☐	☐	☐
Freunde	☐	☐	☐	☐
Fernsehen	☐	☐	☐	☐
Bücher	☐	☐	☐	☐
Hobbys	☐	☐	☐	☐
Politik/soziale Fragen	☐	☐	☐	☐
Taschengeld	☐	☐	☐	☐
Alkohol/Rauchen	☐	☐	☐	☐
Drogen	☐	☐	☐	☐

16.2 Mit dem Vater:

Gesprächsthema	nie/selten	manchmal	oft	Sehr häufig
Was in der Schule passiert ist	☐	☐	☐	☐
Schullehrer/innen	☐	☐	☐	☐
Schulnoten/Zeugnisse	☐	☐	☐	☐
Zukünftige Ausbildung	☐	☐	☐	☐
Zukünftiger Beruf	☐	☐	☐	☐
Familie	☐	☐	☐	☐
Feste(r) Freund(in)	☐	☐	☐	☐
Sexualität	☐	☐	☐	☐
Freunde	☐	☐	☐	☐
Fernsehen	☐	☐	☐	☐
Bücher	☐	☐	☐	☐
Hobbys	☐	☐	☐	☐
Politik/soziale Fragen	☐	☐	☐	☐
Taschengeld	☐	☐	☐	☐
Alkohol/Rauchen	☐	☐	☐	☐
Drogen	☐	☐	☐	☐

Nochmals vielen Dank für deine Mithilfe!

Falls du an den weiteren Ergebnissen der Untersuchung interessiert bist, notiere du bitte deine Anschrift :

Bemerkungen:

Anhang II:

Fragebogen für die chinesischen Jugendlichen der achten Jahrgangsstufe der allgemeinbildenden Schulen

初二年级中学生调查问卷

亲爱的同学们：

你们好！我是一名德国帝宾根大学Universität Tübingen教育学院的博士生．在中国驻德国大使馆，辽宁省教育厅的支持下准备进行一项德国及中国青少年时间使用比较的调查研究．

在东西方不同文化背景下对青少年的在校学习，校外学习以及娱乐等活动的时间安排进行比较，对提高社会，学校和家庭对青少年健康成长正确认识，有着重要意义．

我们希望看到你们真实的想法和要求，相信你们的意见一定会有助于我们的工作．调查研究过程在保密和被信任的前提下进行，仅限于研究目的，请完整真实的填写．谢谢你的合作！

德国帝宾根大学教育学院

2004年10月

Code-Nr.:

请将你选择的答案编号，填入题目前面的（ ）内。有"＿＿"，请填写内容!

    1、 基本情况：

（ ） 1、国籍
    1）、中国 2）、其它

（　） 2、学校
　　1）、A　2）、B　3）、C　4）、D

（　） 3、性别
　　1）、男　2）、女

（　） 4、年龄
　　1）、12　2）、13　3）、14　4）、15　5）、16　6）、17

最后一次考试成绩: 英语_____ 语文_____ 数学_____

2、 学习时间安排状况

（　） 5、放学后还会留在学校里吗?
　　1）、是　　2）、不是

（　） 6、留在学校做什么?
　　1）、自习　2）、体育运动　3）、参加学习小组
　　4）、学校,学生管理　5）、劳动　6）、其它_____(请填写内容)

　　7、放学后平均每周留在学校多长时间? (参考第6题答案回答)
　　1）、原因A_____,平均每周时间_____.
　　2）、原因B_____,平均每周时间_____.
　　3）、原因B_____,平均每周时间_____.

（　） 8、你放学后还会学习吗?
　　1）、会　　2）、不会

　　9、请按每周平均几小时来回答下面问题:
　　　　放学后在家自己学习时间_____
　　　　放学后和同学一起学习时间_____
　　　　放学后接受课外学习辅导时间_____

三、非学习时间安排状况

（　） 10、你在家里帮助父母做家务吗?
　　1）、做　　　　2）、不做
　　如果你帮助父母做家务,周一到周五平均每天会_____小时,
　　周末平均每天会_____小时.

（　） 11、你会和同龄朋友一起度过业余时间吗?
　　1）、会　　2）、不会

（　） 12、你的同龄伙伴:
　　1）、只有同性　2）、大多数是同性　3）、同性多于异性
　　4）、两性人数基本一样　5）、异性多于同性　6）、多数是异性

13、你和同龄伙伴一起度过业余时间为:
　　周一到周五平均每天_____小时, 周末平均每天_____小时.

14、请你勾出和填写你的媒体使用情况:

		周一到周五*如果使用,请画勾	周末*如果使用,请画勾	周一到周五使用时间(小时)	周末使用时间(小时)
1)	电视	( )	( )		
2)	收音机	( )	( )		
3)	音乐收听	( )	( )		
4)	计算机游戏	( )	( )		
5)	上网	( )	( )		
6)	报纸	( )	( )		
7)	杂志	( )	( )		
8)	其它书籍	( )	( )		
9)	其它_____	( )	( )		

15、请勾出你的其它业余活动频率:

		几乎没有	一个月一次	一周一次	一周多次	每天
1)	闲逛	( )	( )	( )	( )	( )
2)	购买	( )	( )	( )	( )	( )
3)	节日或生日的庆祝	( )	( )	( )	( )	( )
4)	自己或多人的音乐活动	( )	( )	( )	( )	( )
5)	手工制作	( )	( )	( )	( )	( )
6)	书画	( )	( )	( )	( )	( )
7)	与技术操作的有关的业余爱好	( )	( )	( )	( )	( )
8)	无聊,无事情做	( )	( )	( )	( )	( )
9)	其它爱好_____	( )	( )	( )	( )	( )

（ ） 16、你去电影院的频率为(每年):
　　1)、1-5次　　 2)、6-10次　　 3)、11-15次
　　4)、16-20次　　 5)、多于21次

（ ） 17、你去听音乐会的频率为(每年):
　　1)、不去　　 2)、1次　　 3)、2次
　　4)、3次　　 5)、4次　　 6)、5次　　 7)、更多

（ ） 18、你去剧院的频率为(每年):
　　1)、不去　　 2)、1次　　 3)、2次
　　4)、3次　　 5)、4次　　 6)、5次　　 7)、更多

（ ） 19、你去博物馆的频率(每年):
　　1)、不去　　 2)、1次　　 3)、2次
　　4)、3次　　 5)、4次　　 6)、5次　　 7)、更多

（ ） 20、你去图书馆的频率(每月):
　　1)、不去　　 2)、1次　　 3)、2次
　　4)、3次　　 5)、4次或更多

（ ） 21、你晚上出去活动的频率(每周):
　　1)、不去　　 2)、1次　　 3)、2次
　　4)、3次　　 5)、4次或更多

（ ） 22、你去旅游的频率:
　　1)、不去　 2)、一周1次或更多　 3)、2-3周1次
　　4)、3-4周1次　 5)、4-5周1次　 6)、5周或更长时间一次

23、请填写：　　　　　　我参加_____(团体或青年人俱乐部),
周一到周五每天平均活动时间_____小时, 周末每天平均活动_____小时.

24、请填写：　　　　　　我参加_____(音乐,艺术和体育等训练班),
周一到周五每天平均活动时间_____小时, 周末每天平均活动_____小时.

25、请勾出在业余时间里和父亲一起或动的内容和相应频率:

活动内容	频繁	一个月1-2次	一年几次	少或没有
1）去体育运动	( )	( )	( )	( )
2）去博物馆或展览	( )	( )	( )	( )
3）去散步	( )	( )	( )	( )
4）做和技术有关的爱好活动	( )	( )	( )	( )
5）做手工方面的爱后	( )	( )	( )	( )
6）与音乐有关的活动	( )	( )	( )	( )
7）书画	( )	( )	( )	( )
8）做游戏	( )	( )	( )	( )
9）一起去音乐会或是剧院	( )	( )	( )	( )
10）一起看电影	( )	( )	( )	( )
11）其它_____	( )	( )	( )	( )

26、请勾出在业余时间里和母亲一起或动的内容和相应频率:

活动内容	频繁	一个月1-2次	一年几次	少或没有
1）去体育运动	( )	( )	( )	( )
2）去博物馆或展览	( )	( )	( )	( )
3）去散步	( )	( )	( )	( )
4）做和技术有关的爱好活动	( )	( )	( )	( )
5）做手工方面的爱后	( )	( )	( )	( )
6）与音乐有关的活动	( )	( )	( )	( )
7）书画	( )	( )	( )	( )
8）做游戏	( )	( )	( )	( )
9）一起去音乐会或是剧院	( )	( )	( )	( )
10）一起看电影	( )	( )	( )	( )
11）其它_____	( )	( )	( )	( )

( ) 27、你的家庭结构是:
1）、三代同堂 2）、核心家庭(父母与子女) 3）、单亲家庭
4）、隔代家庭 5）、其他类型_____

28、请勾出和父亲谈话的内容与相应的频率：

谈话内容	几乎不	有时候	经常化	频繁
1）学校里发生的事情	( )	( )	( )	( )
2）同学的事情	( )	( )	( )	( )
3）分数或证书	( )	( )	( )	( )
4）未来再培训	( )	( )	( )	( )
5）未来职业	( )	( )	( )	( )
6）家庭	( )	( )	( )	( )
7）喜爱的男性或女性朋友	( )	( )	( )	( )
8）性	( )	( )	( )	( )
9）同龄玩伴	( )	( )	( )	( )
10）电视	( )	( )	( )	( )
11）书	( )	( )	( )	( )
12）爱好	( )	( )	( )	( )
13）政治或社会	( )	( )	( )	( )
14）零花钱	( )	( )	( )	( )
15）烟酒	( )	( )	( )	( )
16）毒品	( )	( )	( )	( )

29、请勾出和母亲谈话的内容与相应的频率：

谈话内容	几乎不	有时候	经常化	频繁
1）学校里发生的事情	( )	( )	( )	( )
2）同学的事情	( )	( )	( )	( )
3）分数或证书	( )	( )	( )	( )
4）未来再培训	( )	( )	( )	( )
5）未来职业	( )	( )	( )	( )
6）家庭	( )	( )	( )	( )
7）喜爱的男性或女性朋友	( )	( )	( )	( )
8）性	( )	( )	( )	( )
9）同龄玩伴	( )	( )	( )	( )
10）电视	( )	( )	( )	( )
11）书	( )	( )	( )	( )
12）爱好	( )	( )	( )	( )
13）政治或社会	( )	( )	( )	( )
14）零花钱	( )	( )	( )	( )
15）烟酒	( )	( )	( )	( )
16）毒品	( )	( )	( )	( )

再一次感谢你们的合作!

备注：_____

Anhang III:
Brief an den Eltern der Befragten

Institut für Erziehungswissenschaft
der Universität Tübingen
Frau Zhi Wang

Sehr geehrte Damen und Herren,
Derzeit schreibe ich eine Dissertation im Institut für Erziehungswissenschaft der Universität Tübingen, Abteilung Allgemeine Pädagogik.
Eine zentrale Frage der Dissertation ist, wie viel Zeit die Schülerinnen und Schüler in ihrem Schulalltag wofür aufwenden. Um die Zeitnutzung von Jugendlichen aus Sicht der verschiedenen Kulturen in Deutschland und China zu ermitteln und zu vergleichen, wird eine schriftliche Befragung in Deutschland und China bei Schülern der 8. Jahrgangsklasse durchgeführt. Hierbei wird versucht, die Ausprägungen der Zeitnutzung von Jugendlichen unter der Kategorisierung „Unterrichtszeit", „Zeit in der Schule", „schulbezogene Zeit" und „außerschulische Freizeit" beider Länder zu erfassen, sowohl deren Unterschiede als auch Gemeinsamkeiten zwischen den jeweiligen Ländern zu beschreiben. Dabei soll die relative Einflussstärke der verschiedenen Kulturen geklärt und Zusammenhänge zwischen Schulleistungen und Zeitnutzung eruiert werden. Anschließend wird versucht, Zeitnutzung und ihre Konsequenzen aus sozialisationstheoretischer und pädagogisch-psychologischer Perspektive zu diskutieren. Für diese Untersuchung werden die drei Schularten ausgewählt, nämlich Hauptschule, Realschule und Gymnasium.
Die Beantwortung des Fragebogens dauert ca. 20 Minuten. Die Angaben werden vertraulich und anonym behandelt und nur zu diesem Forschungszweck benutzt und nicht an Dritte weiter geleitet. Dieselbe Umfrage wird in China durchgeführt.
Ich bitte um Ihr Einverständnis, dass Ihre Kinder diese Fragebogen ausfüllen.

Unterschrift: _____

Mit freundlichen Grüßen

Zhi Wang

Danksagung

Ich möchte mich ganz herzlich an dieser Stelle bei allen bedanken, die mich bei der Dissertation unterstützt haben.

Mein besonderer Dank gilt vor allem meinen Eltern Yonghe Wang und Xin Li, die mich finanziell und psychisch unterstützten und meinem Freund Hongyang Liu, der meine Studien durch kritische Beträge und mit persönlicher Anteilnahme begleitete.

Mein ausdrücklicher Dank gilt meinem Doktorvater, Herrn Prof. Dr. Ludwig Liegle für die Anregung des Themas und seine engagierte Betreuung meiner Arbeit. Besonders dankbar bin ich über die vielen Hilfestellungen, welche er mir während meines gesamten Studiums hier in Tübingen gab.

Ebenfalls herzlich danken möchte ich dem anderem Doktorvater, Herrn Prof. Günter L. Huber für seine engagierte Betreuung meiner Arbeit, besonders die Hilfe bei der Erstellung der Fragebögen und der Durchführung der Untersuchung in Deutschland.

Weiterhin danken möchte ich für die Unterstützung der Untersuchung durch die Botschaft Chinas in der Bundesrepublik Deutschland, die Behörde für Erziehung der Provinz Liao Ning, den Schuleitern aus den Schulen in Deutschland und China sowie den Lehrern und Eltern der Befragten.

Für die hilfreichen Korrekturen meiner Dissertation danke ich herzlich meinen FreundInnen: Tanja Kieser, Jasmin Simons, Tilo Müller, Stephan Buhr und all denen, die mir während meiner gesamten Promotion durch ihre Anteilnahme und Ermutigung immer hilfreich und unterstützend zur Seite standen.

www.ingramcontent.com/pod-product-compliance
Lightning Source LLC
Chambersburg PA
CBHW020110020526

44112CB00033B/1137